AUSSAATTAGE 2007

MIT PFLANZ-, HACK- UND ERNTEZEITEN UND GÜNSTIGEN ARBEITSTAGEN FÜR DEN IMKER 2007

ZUSAMMENGESTELLT
VON MARIA THUN UND MATTHIAS K. THUN

Herausgabe:
Maria Thun · Matthias K. Thun · Christina Schmidt-Rüdt

ISBN 3-928636-37-5
ISBN 978-3-928636-37-7

© Aussaattage M.Thun-Verlag
D-35216 Biedenkopf/Lahn, Rainfeldstr. 16
Printed in Germany
Jahrgang 45

Aus dem Inhalt

Buntsandstein in Goßfelden

Die Buntsandsteinbrüche gehören zum täglichen Erleben meiner ersten Kindheitserinnerungen. Wenn man aus dem elterlichen Hof in Goßfelden nach draußen ging, schaute man nach Westen in verschiedene Buntsandsteinbrüche. Dort wurden große Quader ausgegraben. Die Männer legten dort Maße an und zeichneten mit Kreide auf die Quader kleine Vierecke. Mit feinen Pickeln wurden die Maße in den Stein eingehauen und dann die Quader gespalten. Diese Steine wurden für Grundmauern und Kellerstockwerke der hessischen Fachwerkbauten benutzt. Die Quader waren in Sand eingebettet. Er war rötlich und wurde als Formsand für die Eisengießereien benutzt. Er wurde von Hand in Kipploren verladen, die von einem Pferd über Eisenschienen durch die Dorfgemarkung zum Bahnhof gebracht wurden. Dort gingen täglich Güterzüge ab, die den roten Sand in die Eisengießereien im Siegerland brachten. Aber auch Goßfelden hatte eine Eisengießerei. Dort wurden Öfen mit Darstellungen aus der germanischen Mythologie oder aus den „Grimmschen Märchen" hergestellt. Die Gebrüder Grimm hatten sich von den Frauen in Goßfelden die Märchen aus dieser Gegend erzählen lassen, die man zum Teil in den Motiven der Öfen wiederfand. Wenn im Herbst in der Feldflur die Winterfurchen gepflügt waren, leuchtete die ganze Gemarkung in dem herrlichen Rot des Buntsandsteins. Bei richtiger Bodenpflege konnte man da leichter Humus entwickeln als bei dem weißen Sand, der auf der Südseite des Dorfes vorkam. Der Maler Walter Thun war von der Farbigkeit um Goßfelden herum begeistert und hielt seine diesbezüglichen Erlebnisse immer wieder in Bildern fest. Dieses Aquarell: „Kipploren in Rehnerts Buntsandsteinbruch" entstand 1960 in der Größe 57x50 cm.

Die Abbildung auf Seite 5 steht in der Größe 40x50 cm zur Verfügung.

Walter Thun, Kipploren im Buntsandsteinbruch, Aquarell

Rückblick auf den Winter 2005 und das Jahr 2006

Der Herbst 2005 war bei uns durch enorme Trockenheit geprägt, sodass wir nicht pflügen konnten. So hofften wir noch auf Novemberregen. Alle drei Wärmeplaneten standen vor wässrigen Sternbildern, aber es gab auch Trigone, die viele Niederschläge bringen können. Jupiter war noch vor dem Erdsternbild Jungfrau und Neptun vor der Tiefwinterregion Steinbock. Dort gesellten sich Venus und Merkur mit der Sonne hinzu. Anfang Februar ging Mars vor die Erdregion Stier und Venus bis Anfang April nochmals vor den Steinbock. So fielen endlose Niederschläge über fünf Monate hin als Schnee.

Winterstimmung 2005/2006 in Dexbach

Erst als Venus und Merkur vor die Lichtregion Wassermann rückten und Mars Mitte April vor die Lichtregion Zwillinge, wagten alle "Kätzchenblüher" aufzublühen. Der Wind trug täglich dicke Pollenwolken durch die Lande.

Am 18. April, als die Sonne vor die Wärmeregion Widder rückt, ist der Frühling plötzlich da, die ersten Schwalben erscheinen und jubeln durch die Lüfte und beim Sonnenuntergang singen überall die Vögel. Erst am 5. Mai, als Merkur die Wärmeregion Widder erreicht, kommt endlich, wie wir es seit Jahren kennen, echte Wärme. Doch wie schon vermutet, war die sommerliche Freude von kurzer Dauer.

Die katastrophalen Konstellationen der fernen Planeten vom 17./18. Mai rufen furchtbare Unwetter hervor, die noch lange anhalten. Bis Anfang Juni treten immer wieder Frostnächte auf, die das Pflanzenwachstum sehr hemmen und bei Tomaten und Kartoffeln Frostschäden verursachen. Die weitere Entwicklung hat sehr viel Ähnlichkeit mit dem Jahr 1976. Das sind 30 Jahre. Dabei denkt man gleich an Saturn, der eine Umlaufzeit von 30 Jahren hat. Damals war Saturn ebenfalls vor dem Sternbild Krebs, wie gegenwärtig.

Zum Vergleicht einige Konstellationen der beiden Jahre:

letzte Frosttage 1976 mit -8° C Ende April
letzte Frosttage 2006 mit -4° C am 10. Juni
Konjunktion Mars - Saturn am 12.5.1976
Konjunktion Mars - Saturn am 18.6. 2006
Mars im Sternbild Löwe am 17.6.1976
Mars im Sternbild Löwe am 3.7.2006
Temperaturen über 30° C ab 24.6.1976
Temperaturen über 30° C ab 4.7. 2006

Während der genannten Hitzeperioden kommen bei uns in Dexbach über viele Wochen keine Niederschläge. Einzelne Gewitter ziehen nördlich oder südlich vorbei. Das Pflanzenwachstum stockt zum größten Teil. In beiden Jahren sind Merkur und Venus in der kritischen Zeit vor der Lichtregion Zwillinge. Jupiter ist 1976 vor der Wärmeregion Widder und wechselt dann vor die Erdregion Stier. Jetzt gehen die Temperaturn auf 25° zurück. Im Jahr 2006 ist er vor der Lichtregion Waage. Anfang September wechselt Saturn vor die Wärmeregion Löwe. Hoffentlich bringt dies nicht eine Steigerung der Wärme.

Konstellationsvergleich 2006 mit Salat, Sorte Sylvestra

Es ist die letzte Märzwoche, draußen liegt noch immer Schnee. Ich will im Glashaus Salat und Kohlrabi für eine spätere Pflanzung ins Freiland säen. Heute ist Blütentag und ich mache die erste Aussaat. Am nächsten Tag ist der Mond in Erdnähe und Merkur im absteigenden Knoten. In den „Maria Thun-Aussaattagen" ist der Tag weggestrichen, also nicht für Aussaaten geeignet. Ich säe trotzdem und will versuchen, ob die Schäden, die durch die ungünstigen Saattage ausgelöst werden, durch andere spätere, positive Behandlungen gemildert werden können. Am folgenden Tag, einem Blatttag ist eine Sonnenfinsternis. Im Verlauf von Sonnenfinsternissen haben wir oft im Abstand von dreißig Minuten Aussaaten vorgenommen, bei denen große Wachstumshemmungen auftraten. Häufig war mitten drin eine Aussaat mit normalem Wachstum. Was ist wohl diesmal zu erwarten? Der nächste Tag ist noch ein Blatttag, er ist im Kalender nicht weggestrichen, aber da ist eine verdächtige Konstellation zwischen Sonne und Mars. Wir machen noch eine Aussaat. Nun suchen wir Tage zum Pikieren der Pflanzen und später für das Umpflanzen ins Freiland aus. Für beide Fälle finden wir günstige Krebskonstellationen. Sie liegen in der Pflanzzeit und sind außerdem gute Blatttage. Vor dem Pikieren und der Freilandpflanzung spritzen wir das Hornmistpräparat. Die späteren Hackarbeiten werden immer an Blatttagen durchgeführt. Es kommt eine Trockenperiode mit hohen Lichtstärken und kühlen Nächten. Wir spritzen einmal am Blatttag gegen Abend Brennnesseltee und am nächsten Morgen das Kieselpräparat.

Salatvergleiche 2006 am Karlacker   Salat für Samenbildung

Mancher Hausgärtner wird uns um die schönen Salatköpfe beneiden. Am 29. Juni entnahmen wir von jeder Aussaat 10 Köpfe. Sie kommen ins Labor für Analysen. Von der ersten Aussaat ernten wir 4950 g, von der 2. Aussaat 3890 g, von der 3. Aussaat 4240 g und von der 4. Aussaat 3870 g. Ohne den großen Aufwand bei den Pflegearbeiten hätte man bestimmt nur die Hälfte der Gewichte erreicht. Bei ungestörten Blatttageaussaaten liegen die Erntegewichte bei normaler Pflege zwischen 500 und 600 g pro Kopf.

Die jeweils noch vorhandenen 20 Pflanzen vom Versuch werden dann an Fruchttagen weitergepflegt, weil wir noch die Samen ernten und im Nachbau prüfen wollen, wie sich die unterschiedlichen Konstellationen auf die Regenerationskraft ausgewirkt haben. Für den Hausgärtner und Gärtner empfehlen wir natürlich weiterhin die günstigen Blatttage für Aussaat und Pflege.

Nun liegen die Analysen leider noch nicht vor. Bisher ergab sich bei den Qualitätsuntersuchungen immer wieder, dass von ungünstigen Saatzeiten weit höhere Nitratwerte festgestellt wurden als von den Blatttagen. Im Jahr 1998 hatten wir ähnliche Salatversuche. Damals lagen die Werte von Planetenfinsternissen bei 800 mg Nitrat pro 1 kg Salatsaft, während von Blatttagen die Werte bei 350 mg lagen. Es sind also nicht nur die Ernteerträge von Bedeutung, sondern auch die Qualität spielt für die Ernährung des Menschen eine erhebliche Rolle.

Deshalb wunderte es mich natürlich sehr, dass der aus Ökoanbau zugekaufte Roggen nur ein Tausendkorngewicht von 30 g hatte. Wie soll der Bäcker aus diesem Korn ein gutes Brot backen? Da muss er dann schon Weizenmehl zumischen, sonst wird es kein Qualitätsgebäck.

Nun haben wir in den langen Jahren dem Weizen sehr viel Pflege angedeihen lassen. Wir hatten eine alte Sorte gefunden, den „Hessischen Landweizen", einen Grannenweizen. Vor fast dreißig Jahren hatten wir ihn in Nachbarschaft zur Sorte Jubilar stehen, die damals neu im Handel war. Die beiden Sorten hatten sich gekreuzt. Es waren daraus vier Sorten entstanden, die wir mit bester Pflege anbauten. Sie reagierten freudig auf unsere Anbaumethoden und bringen noch immer beträchtliche Erträge mit enormem Mehlkörper. Dabei ragten die Aussaaten von Fruchttagen immer weit über die anderen Aussaaten heraus und reagierten noch besonders auf die Behandlung mit dem Kieselpräparat.

Die Sorte „Braun mit Granne" hatte 1987 schon ein Tausendkorngewicht von 67 g, das dann 1999 bei bester Gesundheit noch auf 69 g anstieg. Die Sorte „Braun ohne Granne" kam auf 64 Gramm und die blonden Sorten kamen auch zu Gewichten über 60 g, während sich alle anderen Sorten auf Gewichte um 55 bis 58 g eigependelt hatten. Einige Sorten aus alten Kulturen blieben bei 47 bis 48 g konstant. Dabei sei nochmals betont, dass die Aussaatten an Fruchttagen unter zusätzlicher Pflege mit dem Kieselpräparat oder Spritzungen mit den genannten Pflanzentees diese Ergebnisse ermöglichten, die natürlich eine erstklassige Backqualität garantieren.

Weizensortenvergleiche

Kommen wir auf die eingangs gestellte Frage der Backfähigkeit zurück. Haben wir anstelle von Mehl Schrot mit zu geringem Mehlanteil, wird man gut daran tun, bei der Restbehandlung des Teiges ein gutes Quantum feinen Weizenmehls einzukneten.

Da zu erwarten ist, dass aufgrund dieser Darstellung Fragen nach dem Anbau kommen, möchte ich diese schon im Voraus beantworten. Als wir 1972 mit der Herstellung unseres Fladenpräparates fertig waren, das ja gegen Radioaktivität entwickelt worden war, stellten wir bei den Versuchen fest, dass es neben dieser Eigenschaft auch noch die Fähigkeit aufwies, nach drei Spritzungen den Boden in einen sehr guten Zustand zu versetzen. Deshalb spritzen wir unsere Böden im Herbst dreimal mit dem Fladenpräparat. Zu den Aussaaten geben wir bei den Bearbeitungen des Saatbettes drei Spritzungen mit dem Hornmistpräparat und während des Wachstums der Pflanzen dreimal das Kieselpräparat oder manchmal statt dessen die Pflanzentees. Das ist zwar sehr arbeitsaufwändig, aber die Ergebnisse sind dann eben auch gut.

Tierische Schädlinge

Hier muss man sich zunächst fragen: Warum tritt dieses oder jenes Tier als Schädling auf? Dabei ist es notwendig, sich mit den Lebensgewohnheiten der Tiere zu befassen und die Fehler, die man gemacht hat, zu vermeiden. Kommt trotzdem ein Tier in Massen vor, kann man es mit seinem eigenen Verbrennungsprodukt, nämlich der Asche, in seine natürlichen Grenzen verweisen. In diesem Sinne gelten die Empfehlungen auf den Monatsseiten.

Man muss dann nicht zu biologischen oder gar chemischen Mitteln greifen, sondern reguliert aus der eigenen Tiergruppe heraus. Bei Mäusen, Vögeln udgl. genügen Fell oder Balg einiger Exemplare; für Insekten, Schnecken udgl. gilt folgende Angabe:

Von dem entsprechenden Schädling beschafft man sich 50 bis 60 Exemplare, die bei der erforderlichen Konstellation im Ofen auf Holzfeuer verbrannt werden.

Die gemeinsam aus Holz und dem Verbrennungsprodukt anfallende Asche soll eine Stunde im Mörser verrieben, das heißt „dynamisiert" werden. Dann nehme man ein Gramm dieser dynamisierten Aschemischung, gebe es in eine kleine Flasche mit 9 Gramm Wasser und schüttele das Ganze drei Minuten. Jetzt hat man eine 1. Dezimalpotenz. Nun gebe man 90 Gramm Wasser hinzu, schüttele wiederum drei Minuten; jetzt hat man eine D2. Wenn man in dieser Art erweitert, ist man bei der D 8 bei 100 000 Litern. Das lässt sich natürlich gar nicht handhaben. Deshalb geht man am besten bis zur 4. Dezimalstufe und beginnt dann wieder mit kleineren Mengen.

Nun zeigt sich durch diese Anwendung eine bestimmte Hemmung bezüglich der Vermehrung von Schädlingen bei der Verwendung der D 8 und zwar, wenn in kurzer Folge, etwa drei Abende nacheinander, drei Spritzungen feinverdüst gegeben werden. Bei verschiedenen Tieren wurde uns von guten Erfolgen berichtet. In vielen Fällen hat man beim Massenauftreten tierischer Schädlinge die besten Ergebnisse, wenn man sie an den Stellen verbrennt, wo sie auftreten. Erdflöhe oder Apfelblütenstecher z.B. fängt man mit dem Fliegenfänger und verbrennt ihn sofort an Ort und Stelle (4).

Der Tierkreis

Diese Abbildung zeigt im äußeren Kreis die Abmessungen der am Himmel sichtbaren Sternbilder mit dem jeweiligen Übergang der Sonne vor das nächste Sternbild. Die Übergänge schwanken zum Teil, hervorgerufen durch die Schalttage, um einen Tag. Der innere Kreis hat die alte 30°-Einteilung in zwölf gleiche Abschnitte aus der Astrologie.

Der Tierkreis ist das Sternbildband, vor dem der Mond und alle Wandelsterne ihre Bahnen ziehen. Im Vorbeigang werden Kräfte angeregt, die auf der Erde eine Auswirkung zeigen.

Die Trigone

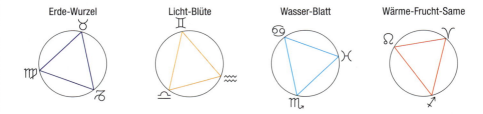

Bei 120°- Stellungen sprechen wir von Trigonen. Der Mond kommt etwa alle neun Tage vor ein gleiches Kräftetrigon, so regen wir über Hackarbeiten oder Kieselspritzungen, die wir im Trigonrhythmus durchführen, den Impuls des Saattages neu an.

Der siderische Mond

Der Mond zieht bei seinem 27-tägigen Umlauf um die Erde an den zwölf Regionen des Tierkreises vorbei und vermittelt Kräfte auf die Erde, die sich über die klassischen Elemente aussprechen. Sie bewirken in der Pflanze Fruchtung in vier verschiedenen Organbereichen. Über den Zeitpunkt von Aussaat, Pflegearbeiten und Ernte können wir Wachstum und Gesundheit der Pflanze fördern.

In verwandter Weise wirken diese Kräfte im Bienenvolk. Das Bienenvolk schließt sich in Korb oder Kasten nach außen ab, indem es mit Kittharz alles abdichtet. Öffnen wir nun die Bienenbehausung, um Pflegemaßnahmen durchzuführen, entsteht im Bienenvolk ein gewisses „Durcheinander". In diese Unruhe hinein kann ein neuer kosmischer Impuls wirken, wegweisend für die Bienen bis zur nächsten Pflegearbeit.

Fassen wir die Gesetzmäßigkeiten, wie sie sich uns bei den Pflanzenversuchen, in der Bienenpflege und in der Wetterbeobachtung ergaben, in einem Schema zusammen:

Sternbild	Zeichen	Element	Kleinklima	Pflanze	Biene
Fische	♓	Wasser	wässrig	Blatt	Honigpflege
Widder	♈	Wärme	warm	Frucht	Nektartracht
Stier	♉	Erde	kühl/kalt	Wurzelfr.	Wabenbau
Zwillinge	♊	Licht	luftig/hell	Blüte	Pollentracht
Krebs	♋	Wasser	wässrig	Blatt	Honigpflege
Löwe	♌	Wärme	warm	Frucht	Nektartracht
Jungfrau	♍	Erde	kühl/kalt	Wurzelfr.	Wabenbau
Waage	♎	Licht	luftig/hell	Blüte	Pollentracht
Skorpion	♏	Wasser	wässrig	Blatt	Honigpflege
Schütze	♐	Wärme	warm	Frucht	Nektartracht
Steinbock	♑	Erde	kühl/kalt	Wurzelfr.	Wabenbau
Wasserrmann	♒	Licht	luftig/hell	Blüte	Pollentracht

Die Einzelimpulse schwanken zwischen zwei und vier Tagen. Dieses Grundgerüst wird zuweilen unterbrochen. So können z.B. Planetenoppositionen einzelne Tage durch verändernde Impulse überlagern oder Trigonstellungen ein anderes Element aktivieren, als es der Mond an diesem Tag vermittelt. Auch Tage, an denen der Mond die Ekliptik auf- oder absteigend schneidet (☊☋), bringen meist negative Wirkungen, die noch gesteigert werden, wenn zwei Wandler sich an den Schnittpunkten ihrer Bahnen, die Knoten genannt werden, treffen. In solchen Fällen entstehen Finsternisse oder Bedeckungen, wobei von dem erdnäheren Wandler die Wirkung des erdferneren unterbrochen oder verändert wird. Solche Zeiten sind ungeeignet für Saat und Ernte.

Zuordnungen der Pflanzen für Aussaat, Pflege und Ernte

Die Kulturpflanze lebt sich dar, indem sie einzelne Organe zur Frucht entwickelt. Wir können sie nach unseren Versuchserfahrungen in vier Gruppen einteilen.

Wurzelfrüchte zu Wurzeltagen

Fruchtbildung im Wurzelbereich finden wir bei Radieschen, Rettich, Kohlrübe, Zuckerrübe, Rote Bete, Sellerie, Möhre, Schwarzwurzel udgl. Auch Kartoffeln und Zwiebeln sind hier einzuordnen. Diese Tage bringen gute Erträge und beste Lagerqualität des Erntegutes.

Blattpflanzen zu Blatttagen

Fruchtbildung im Blattbereich haben wir bei fast allen Kohlarten, bei Salaten, Spinat, Rapunzel, Endivien, Petersilie, bei Blattkräutern und Futterpflanzen. Der Spargel gedeiht am besten bei Blatttagepflanzung und -pflege. Die Blatttage sind für Aussaat und Pflege dieser Pflanzen günstig, jedoch nicht für die Ernte von Lagerfrüchten und Tees. Für diese Bestimmungen wie auch die Ernte von Kohl für Sauerkrautherstellung sind die Blüten- und Fruchttage vorzuziehen.

Blütenpflanzen zu Blütentagen

Diese Tage sind günstig für Aussaat und Pflege von allen Blütenpflanzen, aber auch zum Hacken und der Kieselanwendung bei Ölfrüchten wie Lein, Raps, Sonnenblume udgl. Wenn man Blumen für die Vase an Blütentagen schneidet, ist der Duft am intensivsten, sie bleiben lange frisch und die Restpflanzen bringen viele neue Seitentriebe. Trockenblumen, an Blütentagen geerntet, behalten die volle Leuchtkraft der Farben, von anderen Erntetagen werden sie bald unfärbig. Ölfrüchte erntet man am vorteilhaftesten an Blütentagen. Auch Brokkoli hat sich für die Blütentage entschieden.

Fruchtpflanzen zu Fruchttagen

Zu dieser Kategorie gehören alle Pflanzen, die im Bereich des Samens fruchten, wie Bohne, Erbse, Linse, Soja, Mais, Tomate, Gurke, Kürbis, Zucchini udgl. wie auch Getreide für Sommer- und Winteranbau, die Aussaat von Ölfrüchten bringt dann die besten Samenerträge. Die beste Ölausbeute haben wir bei Pflegearbeiten an Blütentagen. Für den Anbau von Saatgut sind die Löwetage ♌ besonders gut geeignet. Fruchtpflanzen erntet man am besten an Fruchttagen, sie fördern die Lagerqualität und unterstützen die Regenerationskraft. Für Lagerobst wähle man zusätzlich die Zeit des aufsteigenden ☽ Mondes.

Ungünstige Zeiten

Ungünstige Zeiten, hervorgerufen durch Finsternisse, Knotenstellungen von Mond oder Planeten sowie negativ wirkende Konstellationen, sind im Kalendarium ausgelassen ----. Wenn man aus Zeitgründen gezwungen ist, an ungünstigen Tagen zu säen, kann man für die Hackarbeiten günstige Tage wählen und damit gute Verbesserungen erreichen.

Zum Verständnis des Kalendariums

Immer wieder bekommen wir Anfragen, weil die Leser mit den Aufzeichnungen der Monatsseiten Schwierigkeiten haben. In den meisten Fällen wird nach den Zahlen gefragt. Dabei handelt es sich fast immer um die <u>Tagesstunden</u>. Bitte lesen Sie den Abschnitt „Zum Verständnis des Kalendarium" aufmerksam durch. Dort finden Sie Antworten auf solche Fragen.

Neben Datum und Wochentag ist das Sternbild benannt, vor das der Mond an diesem Tag geht, mit zusätzlicher Angabe der Tagesstunde. Er bleibt vor diesem Sternbild, bis ein neues Sternbild auftritt.

In den nächsten zwei Spalten sind Konstellationen eingetragen, die z.T. für das Pflanzenwachstum von Bedeutung sind.

In der folgenden Spalte ist vor allem für den Imker vermerkt, welches Element heute vom ☾ vermittelt wird. Wärmewirkungen bei Gewitterneigung sind nicht unter den Elementen genannt, sondern nur mit dem Zeichen ⅄ angeführt.

In der kommenden Spalte ist das Fruchtorgan benannt, das über Aussaat und Pflegearbeiten an diesem Tage unterstützt wird, und die genauen Stundenangaben. Ist hinter dem Fruchtorgan keine Stundenangabe, so wirkt es sich über den ganzen Tag aus.

Auf der äußersten Spalte rechts sind Neigungen zu Naturereignissen oder auch Wettererwartungen erwähnt, die die Großwetterlage stören und unterbrechen.

Wenn am gleichen Tag verschiedene Elemente angegeben sind, die dem Mondstand nicht entsprechen, handelt es sich nicht um Druckfehler, sondern um andere kosmische Konstellationen, die den Mond-Tierkreisimpuls überdecken und verändern und somit ein anderes Pflanzenorgan begünstigen.

Die Tagesstunden sind nach mitteleuropäischer Zeit (MEZ) angegeben und können in anderen Erdteilen auf die „Ortszeit" umgerechnet werden.

Die „SOMMERZEIT" ist nicht berücksichtigt worden. In D, A, CH usw. 1 Stunde hinzu-rechnen.

Astronomische Zeichen

Sonstige Zeichen

Sternbilder		Planeten	
♓	Fische	☉	Sonne
♈	Widder	♁	Erde
♉	Stier	♀	Venus
♊	Zwillinge	☿	Merkur
♋	Krebs	♂	Mars
♌	Löwe	♃	Jupiter
♍	Jungfrau	♄	Saturn
♎	Waage	♅	Uranus
♏	Skorpion	♆	Neptun
♐	Schütze	♇	Pluto
♑	Steinbock	☍	Opposition
♒	Wassermann	☌	Konjunktion

☺	Vollmond	St	Sturmneigung
●	Neumond	⅄	Gewitterneigung
☊	aufsteig. Knoten	E	Erdbebenneigung
☋	absteig. Knoten	K	verkehrskritisch
⌢	Mond absteig.	V	Vulkanneigung
⌣	Mond aufsteig.		
Pg	Erdnähe		
Ag	Erdferne		
☄	Finsternis		
☄	Finsternis	Pflanzzeit	Pflanzzeit
△	Trigon		

16

Der aufsteigende Mond

Der absteigende Mond

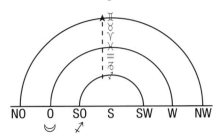

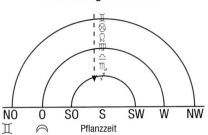

Pflanzzeit

Ist der Mond an der Tiefststellung seiner Bahn vor der Sternbildregion Schütze angekommen, wird er aufsteigend. Er beschreibt täglich einen etwas größeren Bogen am Himmel. Seine Aufgangsorte verschieben sich in Richtung Nordosten und seine Untergangsorte Richtung Nordwesten. Er sollte nicht verwechselt werden mit dem zunehmenden Mond.

Während des aufsteigenden Mondes ist der Saftanstieg in den Pflanzen stärker. Die Pflanze ist in ihren oberen Teilen saft- und krafterfüllt. Die Zeit ist günstig für den Schnitt von Veredlungsreisern, auch hier kann man den Effekt steigern, wenn man bei Fruchtpflanzen zusätzlich die in diesem Zeitraum liegenden Fruchttage benutzt, bei Blütenpflanzen die entsprechenden Blütentage. Das Gleiche gilt für die Tage der Veredlungs- und Pfropfarbeiten. Während dieser Zeit geerntetes Obst bleibt im Lager länger frisch und saftig. Die Zeit ist auch geeignet zum Schlagen der Weihnachtsbäume, sie halten die Nadeln lange, der Duft ist am intensivsten vom Schnitt an Blütentagen.

Wenn der Mond am Höchstpunkt seiner monatlichen Bahn vor der Sternbildregion Zwillinge angekommen ist, wird er absteigend (⌒). Seine Bögen werden am Südhimmel täglich niedriger, die Aufgangsorte verschieben sich nach Südosten und die Untergangsorte nach Südwesten.

Auf der südlichen Erdhälfte sind die Verhältnisse umgekehrt (⌒☾).

Unter Aussaat verstehen wir immer den Zeitpunkt, an dem wir den Samen in den Boden geben. Bringen wir dagegen Pflanzen von einem Standort zum anderen, sprechen wir vom Umpflanzen. Dies trifft zu, wenn Jungpflanzen vom geschützten Saatbeet an den endgültigen Platz ihres Wachstums gebracht werden, aber auch, wenn der Gärtner junge Pflänzchen zur Kräftigung der Wurzelentwicklung vielleicht sogar mehrmals verpflanzt, wie auch bei Obst-, Hecken- und Topfpflanzungen. Hier wählen wir den Zeitraum des absteigenden Mondes, der nicht verwechselt werden sollte mit den Lichtphasen des abnehmenden Mondes.

Während der Pflanzzeit wurzeln die Pflanzen gut und verbinden sich schnell mit dem neuen Standort. Man kann diesen Impuls für die einzelne Pflanzenart noch steigern, indem man aus dem Zeitraum der Pflanzzeit für Blattpflanzen die entsprechenden Blatttage (Krebs oder Skorpion), für Wurzelfrüchte wie Sellerie die Wurzeltage (Jungfrau), für Gurke oder Tomate die Fruchttage (Löwe) wählt, so hat man zu dem Bewurzelungsimpuls hinzu noch eine Förderung des Fruchtungstypes erreicht.

In diesem Zeitraum ist der Saftanstieg in den Pflanzen gering, deshalb ist er für Baum- und Heckenschnitt, zum Schlagen von Nutzholz wie auch zum Düngen der Wiesen, Weiden und Obstanlagen zu empfehlen.

Aussaattage Januar 2007

Dat. ☾ v. Sternb.	Konstellat.	Element ☾	Fruchtorganimpuls durch ☾ oder Planeten	Neigung
1.Woche				
1. Mo ♉	☉ – ♐	Erde	Wurzel	♄
2. Di ♊ 15	⌒13	Er/Li	Wurzel bis 14, ab 15 Blüte	St
3. Mi ♊	♁15	Licht	Blüte — *Pflanzz. Beg.00	
4. Do ♋ 17		Li/Wa	Blüte bis 16, ab 17 Blatt	St
5. Fr ♋		Wasser	Blatt	St
6. Sa ♌ 9	♄●	Wa/Wä	Blatt bis 8, von 9 bis 18 Frucht	St
2. Woche				
7. So ♌		Wärme	Frucht ab 2	
8. Mo ♌	☊19	Wärme	Frucht bis 4 und von 9 bis 17 und ab 21	St
9. Di ♍ 6		Wä/Er	Frucht bis 5, ab 6 Wurzel	
10. Mi ♍	Ag 18	Erde	Wurzel bis 12, ab 13 Blüte	
11. Do ♍		Erde	Wurzel	
12. Fr ♍		Erde	Wurzel	
13. Sa ♎ 3		Er/Li	Wurzel bis 2, ab 3 Blüte	♄
3. Woche				
14. So ♏14		Li/Wa	Blüte bis 13, ab 14 Blatt	V St
15. Mo ♏		Wasser	Blatt	
16. Di ♏	⌣23	Wasser	Blatt bis 23 — #Pflanzz. Ende 12	
17. Mi ♐ 00		Wärme	Frucht	♄ K St
18. Do ♐	☉ – ♑13	Wärme	Frucht	
19. Fr ♑ 4	⊕5 ☿●	Wä/Er	Frucht bis 3, von 4 bis 18 Wurzel	♄
20. Sa ♑	♀●	Erde	Wurzel von 5 bis 17	
4. Woche				
21. So ♒ 4		Er/Li	Wurzel bis 3, ab 4 Blüte	St
22. Mo ♓ 21	Pg 14 ☊14	Li/Wa	--------------------------- ♀☌♄ V E ♄	
23. Di ♓		Wasser	Blatt ab 9	K
24. Mi ♓		Wasser	Blatt	St
25. Do ♈ 13		Wa/Wä	Blatt bis 12, ab 13 Frucht	
26. Fr ♈		Wärme	Frucht	
27. Sa ♉ 6		Wä/Er	Frucht bis 5, ab 6 Wurzel	St
5. Woche				
28. So ♉	☿☌♄	Erde	Wurzel bis 15	
29. Mo ♊ 22	⌒20	Er/Li	Wurzel bis 21, ab 22 Blüte	
30. Di ♊		Licht	Blüte — *Pflanzz. Beg.00	K
31. Mi ♊		Licht	Blüte	

Pflanzzeit

Merkur	Venus	Mars	Jupiter	Saturn	Uranus	Neptun	Pluto
♐	♐	♏	♏	♌	♒	♑	♏
14.♑	2.♑	14.♐					31.♐
30.♒	24.♒						

Notizen:

1. _____
2. _____
3. _____
4. _____
5. _____
6. _____
   _____
7. _____
8. _____
9. _____
10. _____
11. _____
12. _____
13. _____
    _____
14. _____
15. _____
16. _____
17. _____
18. _____
19. _____
20. _____
    _____
21. _____
22. _____
23. _____
24. _____
25. _____
26. _____
27. _____
    _____
    _____
28. _____
29. _____
30. _____
31. _____

Monatsbetrachtung Januar 2007

Merkur ist noch vor der Wärmeregion Schütze und Mars gesellt sich Mitte des Monats zu ihm. Jupiter hat die Lichtregion Waage verlassen und ist schon Mitte November 2006 vor die wässrige Region Skorpion gerückt. Die Venus geht Anfang des Monats vor die Tiefwinterregion Steinbock, Sonne und Merkur folgen ihr Mitte des Monats. Da ist dann mit echtem Winterwetter zu rechnen. Am 30. Januar verlässt Pluto die Region Skorpion und rückt zum Schützen vor. Ob das jedoch vom Tag an eine Änderung bringt, müssen wir abwarten. Zumindest werden dann die furchtbaren Wasserkatastrophen zurückgehen. Da Pluto im menschlichen Organismus falsche Organbildungen hervorruft, kann man hoffen, dass jetzt Tumorbildungen in der Skorpionregion des Menschen seltener werden. Es sind dann wahrscheinlich mehr die Oberschenkelregionen, die zum Schützen gehören, gefährdet. Am 22. und 28. Januar haben wir Planetenoppositionen, die in ihrer Auswirkung gute Ergebnisse bei den Aussaaten von Wildobstsamen bringen.

Pflanzzeit: vom 3.1., 00 Uhr bis 16.1., 12 Uhr und ab 30.1., 00 Uhr
Pflanzzeit südliche Erde: vom 1. bis 2.1., 10 Uhr und 17.1., 00 Uhr bis 29.1., 15 Uhr

Die Pflanzzeit ist auch zum **Baum-, Wein- und Heckenschnitt** geeignet. Für Fruchtpflanzen sollte man die Fruchttage bevorzugen.

Maulwurfshaufen

Im Umgang mit der Milch

kann empfohlen werden, die im Kalendarium ausgelassenen ---- Zeiten sowohl für die Herstellung von Butter als auch von gepflegten Käsearten weitmöglichst zu meiden. Die an Wärme-Fruchttagen gemolkene Milch bringt die höchsten Buttermengen, das Gleiche gilt für Tage mit Gewitterneigung. Die Erdnähetage des Mondes (Pg) sind für die Milchverarbeitung fast immer ungünstig, auch Joghurt gelingt nicht gut. Eigene Impfkulturen von diesen Tagen zerfallen leicht, sodass es ratsam ist, am Vortag die doppelte Menge anzusetzen. Die Milch liebt die Licht- und Wärmetage am meisten, die wässrigen Blatttage sind ungeeignet.

Aussaattage Februar 2007

Dat.☾v. Sternb.	Konstellat.	Element☾	Fruchtorganimpuls durch ☾ oder Planeten	Neigung
1. Do ♋ 1	☉ – ♑	Wasser	Blatt ab 1 Pflanzzeit	
2. Fr ♌ 17	☽7	Wa/Wä	Blatt bis 16, von 17 bis 21 Frucht	V
3. Sa ♌	♄•	Wärme	Frucht ab 6	E
6. Woche				
4. So ♌	☊24	Wärme	----------------------------	
5. Mo ♍ 14	☿♌6	Wä/Er	-------------Wurzel ab 18	K
6. Di ♍		Erde	Wurzel	
7. Mi ♍	Ag 14	Erde	Wurzel bis 8, von 9 bis 18 Blüte	St
8. Do ♍		Erde	----------------------------	
9. Fr ♎ 11		Er/Li	Wurzel bis 10, ab 11 Blüte	
10. Sa ♏ 23	☉☌♄	Li/Wa	Blüte und Frucht	
7. Woche				
11. So ♏		Wasser	Blatt	
12. Mo ♏		Wasser	Blatt #Pflanzz. Ende 24	
13. Di ♐ 10	☽9	Wa/Wä	Blatt bis 9, ab 10 Frucht	
14. Mi ♐		Wärme	Frucht	
15. Do ♑ 15	☉ – ♒4	Wä/Er	Frucht bis 14, ab 15 Wurzel	St
16. Fr ♑		Erde	Wurzel	
17. Sa ♒ 13	☽17	Er/Li	Wurzel von 10 bis 12, ab 13 Blüte	K St
8. Woche				
18. So ♒	♌22	Licht	Blüte bis 14 --------------	St
19. Mo ♓ 6	Pg 11	Wasser	----------------------------	
20. Di ♓		Wasser	Blatt	V
21. Mi ♈ 20		Wa/Wä	Blatt bis 19, ab 20 Frucht	St
22. Do ♈		Wärme	Frucht	
23. Fr ♉ 12		Wä/Er	Frucht bis 11, ab 12 Wurzel	St
24. Sa ♉		Erde	Wurzel	♄
9. Woche				
25. So ♉		Erde	Wurzel	E
26. Mo ♊ 3	⌒1	Er/Li	Wurzel bis 2, ab 3 Blüte *Pflanzz. Beg.5	
27. Di ♊		Licht	Blüte	K
28. Mi ♋ 7	♄☌♆	Li/Wa	Blüte bis 6, ab 7 Blatt	

Pflanzzeit

20

Merkur	Venus	Mars	Jupiter	Saturn	Uranus	Neptun	Pluto
≈≈≈	≈≈≈	♐	♏	♌	≈≈≈	♑	♐
	14. ♓	23. ♑					

Notizen:

1. _____
2. _____
3. _____
   _____
4. _____
5. _____
6. _____
7. _____
8. _____
9. _____
10. _____
    _____
11. _____
12. _____
13. _____
14. _____
15. _____
16. _____
17. _____
    _____
18. _____
19. _____
20. _____
21. _____
22. _____
23. _____
24. _____
    _____
25. _____
26. _____
27. _____
28. _____

Monatsbetrachtung Februar 2007

In der ersten Februarhälfte haben Licht- und Wärmekräfte in unserer Region einen recht starken Einfluss. Nur die Sonne hat in der ersten Monatshälfte noch Winterwirkung, wird aber am 23. 2. von Mars abgelöst, der seine Tiefwinterwirkung bis zum 1. April beibehält. Venus, ab 14. vor den Fischen, wird von Jupiter im Skorpion unterstützt. So muss noch mit winterlichen Niederschlägen gerechnet werden.

Pflanzzeit: vom 1. bis 12.2., 24. Uhr und ab 26.2., 5 Uhr

Pflanzzeit südliche Erde: vom 13.2., 12 Uhr bis 25.2., 24 Uhr

Schnitt von **Pfropfreisern** und Reben zum Veredeln 13. bis 15.2., 12 Uhr. Will man sie als **Stecklinge** verwenden, kann man sie kühl und feucht lagern und am 26. und 27. 2. oder am 2. und 3. 3. bis 22 Uhr in die Erde stecken

Abb. Weinstecklinge von 2006

Die Saturnoppositionen am 10. und 28. sind für Aussaat von **Wildfruchtsamen** geeignet.

Getreideaussaatvergleiche im Glashaus

Aussaattage März 2007

Dat.☽ v. Sternb.	Konstellat.	Element☽	Fruchtorganimpuls durch ☽ oder Planeten	Neigung
1. Do ♋	☉ – ♒	Wasser	Blatt Pflanzzeit	K
2. Fr ♌ 00	♄ ☽	Wärme	Frucht ab 10	
3. Sa ♌	☽24	Wärme	Frucht bis 15	
10. Woche				
4. So ♍ 21	☊6 ☽ ☽	Wä/Er	---------------------------	St
5. Mo ♍		Erde	---------- Wurzel ab 18	
6. Di ♍		Erde	Wurzel	
7. Mi ♍	Ag 5	Erde	Blüte bis 10, ab 11 Wurzel	
8. Do ♎ 18	△	Er/Li	Blatt bis 17, ab 18 Blüte	
9. Fr ♎		Licht	Blüte	♄ St
10. Sa ♏ 6		Li/Wa	Blüte bis 5, ab 6 Blatt	
11. Woche				
11. So ♏		Wasser	Blatt	K
12. Mo ♐ 18	☉ – ♓1 ☋17	Wa/Wä	Blatt bis 17, ab 18 Frucht #Pflanzz. Ende 15	
13. Di ♐		Wärme	Frucht	
14. Mi ♐		Wärme	Frucht bis 20	
15. Do ♑ 1	☿ ☋13	Erde	---------------------------	St
16. Fr ♑	♀ ☋14	Erde	---------------------------	V
17. Sa ♒ 00	△	Licht	Frucht bis 2, ab 12 Blüte	St
12. Woche				
18. So ♓ 17	☍9	Li/Wa	Blüte - 7 und von 11 - 16, von 17 - 20 Blatt	♄
19. Mo ♓	☽4 Pg20 ☉ ☽	Wasser	---------------------------	K V
20. Di ♓		Wasser	Blatt ab 8	K
21. Mi ♈ 5		Wa/Wä	Blatt bis 4, ab 5 Frucht	St
22. Do ♉ 20		Wä/Er	---------------------------	
23. Fr ♉		Erde	Wurzel	
24. Sa ♉		Erde	Wurzel	St
13. Woche Die Sommerzeit ist nicht berücksichtigt worden **D, A, CH 1 Stunde hinzurechnen. So wird z.B. aus 9 Uhr 10 Uhr.**				
25. So ♊ 10	⌒7	Er/Li	Wurzel bis 9, ab 10 Blüte *Pflanzz. Beg. 12	
26. Mo ♊		Licht	Blüte	E
27. Di ♋ 13		Li/Wa	Blüte bis 12, ab 13 Blatt	
28. Mi ♋		Wasser	Blatt	K V
29. Do ♌ 5	♄ ☽	Wa/Wä	---------------------------	V St
30. Fr ♌		Wärme	Frucht	
31. Sa ♌	☊13	Wärme	Frucht bis 10 und ab 15	♄ St

22

Merkur	Venus	Mars	Jupiter	Saturn	Uranus	Neptun	Pluto
≈≈≈	♓	♑	♏	♌	≈≈≈	♑	♐
4. ♑	17. ♈						
12. ≈≈≈							

Notizen:

1. _____
2. _____
3. _____

4. _____
5. _____
6. _____
7. _____
8. _____
9. _____
10. _____

11. _____
12. _____
13. _____
14. _____
15. _____
16. _____
17. _____

18. _____
19. _____
20. _____
21. _____
22. _____
23. _____
24. _____

25. _____
26. _____
27. _____
28. _____
29. _____
30. _____
31. _____

Monatsbetrachtung März 2007

Merkur ist vom 5. bis 11.3. vor der Tiefwinterregion Steinbock rückläufig und bietet dem Mars eine Woche winterliche Unterstützung an. Ob die Venus ab 17.3. vor der Wärmeregion Widder gegen die anderen winterlichen Intrigen ankommt, ist fraglich.

Pflanzzeit: vom 1.3., 00 Uhr bis 12.3., 15 Uhr und ab 25.3., 12 Uhr

Pflanzzeit südliche Erde: vom 12.3., 20 Uhr bis 24.3., 24 Uhr

Reiser schneiden für die Herstellung von **Weidenzäunen** vom 12.3., 18 Uhr bis 13.3., 24 Uhr, kühl und feucht aufbewahren und vom 29. bis 31.3. stecken.

Nachtfalterbekämpfung: vom 18.3., 17 Uhr bis 20.3., 24 Uhr

Erlenkätzchen

23

Aussaattage April 2007

Dat.	☾ v. Sternb.	Konstellat.	Element ☾	Fruchtorganimpuls durch ☾ oder Planeten	Neigung
14. Woche					
1. So	♍ 3	⊙ - ♓	Wä/Er	Frucht bis 2, ab 3 Wurzel Pflanzzeit	
2. Mo	♍	☋18	Erde	Wurzel	
3. Di	♍	Ag 10	Erde	Blüte bis 13, ab 14 Wurzel	
4. Mi	♍		Erde	Wurzel	E St
5. Do	♎ 00		Licht	Blüte	ɥ
6. Fr	♏ 12	Karfreitag	Li/Wa	-----------------------	V St
7. Sa	♏		Wasser	-----------------------	
15. Woche					
8. So	♏	Ostern	Wasser	Blatt #Pflanzz. Ende 20	K
9. Mo	♐ 1	◡1	Wärme	Frucht von 1 bis 20, ab 21 Blatt	St
10. Di	♐	△	Wärme	Blatt bis 5, ab 6 Frucht	V K
11. Mi	♑ 9		Wä/Er	Frucht bis 8, ab 9 Wurzel	
12. Do	♑		Erde	Wurzel bis 18	St
13. Fr	♒ 10		Er/Li	Wurzel bis 9, von 10 bis 22 Blüte	
14. Sa	♒	☊19	Licht	-----------------------	E
16. Woche					
15. So	♓ 4		Li/Wa	Blüte bis 3, ab 4 Blatt	
16. Mo	♓		Wasser	Blatt bis 19	
17. Di	♈ 16	●13 Pg 7	Wa/Wä	Frucht bis 20	K
18. Mi	♈		Wärme	Frucht	
19. Do	♉ 6	⊙ - ♈12 △	Wä/Er	Frucht bis 12, ab 13 Wurzel	
20. Fr	♉		Erde	Wurzel	K St
21. Sa	♊ 18	⌒15 △	Er/Li	Wurzel bis 17, ab 18 Blatt *Pflanzz. Beg. 15	
17. Woche					
22. So	♊		Licht	Blatt bis 3, ab 4 Blüte	ɥ
23. Mo	♋ 20		Li/Wa	Blüte bis 19, ab 20 Blatt	St
24. Di	♋		Wasser	Blatt	K St
25. Mi	♌ 11	♄☌	Wa/Wä	Blatt bis 9, ab 16 Frucht	
26. Do	♌	△	Wärme	Frucht	ɥ
27. Fr	♌	☋17	Wärme	Frucht bis 14 ---------	
28. Sa	♍ 9	♀☍♃	Wä/Er	Frucht bis 8, ab 9 Wurzel	K ɥ
18. Woche					
29. So	♍		Erde	Wurzel	St
30. Mo	♍	Ag 12	Erde	Wurzel bis 4, von 5 bis 15 Blüte, ab 16 Wurzel	

Pflanzzeit

Pflanzzeit

Die Sommerzeit ist nicht berücksichtigt worden. In D, A, CH 1 Stunde hinzurechnen.

Merkur	Venus	Mars	Jupiter	Saturn	Uranus	Neptun	Pluto
♒︎	♈︎	♒︎	♏︎	♌︎	♒︎	♑︎	♐︎
5.♓︎	6.♉︎						
26.♈︎							

Notizen:

1. _____
2. _____
3. _____
4. _____
5. _____
6. _____
7. _____

8. _____
9. _____
10. _____
11. _____
12. _____
13. _____
14. _____

15. _____
16. _____
17. _____
18. _____
19. _____
20. _____
21. _____

22. _____
23. _____
24. _____
25. _____
26. _____
27. _____
28. _____

29. _____
30. _____

Monatsbetrachtung April 2007

Merkur und Venus, die in der ersten Woche aus Wassermann und Widder wirken, erwecken Frühjahrshoffnungen, die aber in der zweiten Woche nicht aufrecht erhalten werden können. Merkur geht in das wässrige Bild der Fische und unterstützt dann Jupiter aus dem Skorpion mit Feuchtigkeit. Die Venus rückt vor das Erdsternbild Stier, das immer noch mit kalten Nächten aufwartet. Es ist kaum zu erwarten, dass die Trigone von Saturn und Jupiter eine Besserung bringen können.

Pflanzzeit: vom 1.4., 00 Uhr bis 8. 4., 20 Uhr und ab 21.4.,15 Uhr
Pflanzzeit südliche Erde: vom 9.4., 3 Uhr bis 21. 4., 12 Uhr

Speisekartoffeln an Wurzeltagen pflanzen. Will man **Saatkartoffeln** ernten, pflanzt man am 18. kleine Kartoffeln. **Nachtfalterbekämpfung:** vom 15.4., 4 Uhr bis 17.4., 15 Uhr **Motten und Wachsmottenbekämpfung:** vom 17.4., 16 Uhr bis 18. 4., 24 Uhr.   Am 27. 4. setzt **Bodenwärme** ein.

Günstige Erntezeiten für die Präparatepflanzen

Löwenzahnblüten,
deren Blütenmitte noch geschlossen sein muss, morgens an Licht-Blütentagen
Schafgarbenblüten
bei Sonne im Löwen, also Mitte August, an Wärme-Fruchttagen
Kamillenblüten,
kurz vor Johanni, an Licht-Blütentagen. Achtung: Bei zu später Ernte und beginnender Samenbildung sät man mit einem nicht gut gelungenen Präparat Kamille auf die Felder! Des Weiteren treten dann zu leicht Maden in den hohlen Köpfen auf.
Brennnesseln,
als ganze oberirdische Pflanze, beim ersten Blütenansatz an Licht-Blütentagen um Johanni
Baldrianblüten
an Licht-Blütentagen um Johanni
Alle Blüten auf Papier an schattigen Orten trocknen.
Eichenrinde
(Borke, kein Bast!) an Erd-Wurzeltagen

Aussaattage Mai 2007

Dat.	☾ v. Sternb.	Konstellat.	Element ☾		Fruchtorganimpuls durch ☾ oder Planeten	Neigung
1. Di	♍	☉ - ♈ △	Erde	Pflanzz.	Wurzel Pflanzzeit	
2. Mi	♎ 6	☺11	Er/Li		Wurzel bis 5, ab 6 Blüte	
3. Do	♏ 18		Li/Wa		Blüte bis 17 ------------	V St
4. Fr	♏	☿☊5	Wasser		------------- ab 17 Blatt	V
5. Sa	♏		Wasser		Blatt	St
19. Woche						
6. So	♐ 7	◡6	Wa/Wä		Blatt bis 6, ab 7 Frucht #Pflanzz.Ende 4	
7. Mo	♐	♀☍PL	Wärme		Frucht	E V
8. Di	♑ 16		Wä/Er		Frucht bis 15, ab 16 Wurzel	St
9. Mi	♑		Erde		Wurzel	St
10. Do	♒ 18		Er/Li		Wurzel bis 2 und von 10 bis 17, ab 18 Blüte	V ♄
11. Fr	♒		Licht		Blüte bis 22	K
12. Sa	♓ 13	☊1	Li/Wa		Blüte von 3 bis 12, ab 13 Blatt	E St
20. Woche						
13. So	♓		Wasser		Blatt	E V
14. Mo	♓	☉ - ♉5	Wasser		Blatt	E K
15. Di	♈ 3	Pg 16	Wa/Wä		--------------------------	
16. Mi	♉ 17	●20	Wä/Er		Frucht von 4 bis 16, ab 17 Wurzel	
17. Do	♉	Christi Himmelfahrt	Erde		Wurzel	
18. Fr	♉		Erde		Wurzel	K
19. Sa	♊ 3	⌒1	Er/Li	Pflanzzeit	Wurzel bis 2, ab 3 Blüte *Pflanzz. Beg.3	V
21. Woche						
20. So	♊	☿☍♃	Licht		Blüte	♄ St
21. Mo	♋ 4		Li/Wa		Blüte bis 3, ab 4 Blatt	K
22. Di	♌ 19	♄●	Wa/Wä		Blatt bis 17 -------------	E
23. Mi	♌	△	Wärme		Wurzel bis 12, ab 13 Frucht	
24. Do	♌	☋19	Wärme		Frucht bis 16 und ab 21	
25. Fr	♍ 16	△	Wä/Er		Frucht bis 15, ab 16 Wurzel	
26. Sa	♍		Erde		Wurzel	
22. Woche						
27. So	♍	Pfingsten Ag 23	Erde		Wurzel bis 16, ab 17 Blüte	
28. Mo	♍		Erde		Blüte bis 3, ab 4 Wurzel	St
29. Di	♎ 13		Er/Li		Wurzel bis 12, ab 13 Blüte	K
30. Mi	♎		Licht		Blüte	
31. Do	♏ 1		Wasser		Blatt ab 1	

Die Sommerzeit ist nicht berücksichtigt worden. In D, A, CH 1 Stunde hinzurechnen.

Merkur	Venus	Mars	Jupiter	Saturn	Uranus	Neptun	Pluto
♈	♉	♒	♏	♌	♒	♑	♐
8.♉	7.♊	3.♓					
28. ♊							

Notizen:

1. _____
2. _____
3. _____
4. _____
5. _____

6. _____
7. _____
8. _____
9. _____
10. _____
11. _____
12. _____

13. _____
14. _____
15. _____
16. _____
17. _____
18. _____
19. _____

20. _____
21. _____
22. _____
23. _____
24. _____
25. _____
26. _____

27. _____
28. _____
29. _____
30. _____
31. _____

Monatsbetrachtung Mai 2007

Am 7. geht die Venus bis zum Monatsende vor die Region Zwillinge. Die Zeit ist günstig für frühen **Heuschnitt** und verspricht eine gute Qualität. Diese Zeit bietet sich ebenfalls für die **Königinnenzucht** in der Imkerei an. In diesem Zeitraum kann man die **Stallfliegen** bekämpfen. Die Blütentage sind am wirksamsten.

Schadinsektenbekämpfung wie **Varroa**, **Kartoffelkäfer**, Gartenlaubkäfer, Rosenkäfer und andere Chitinschädlinge: vom 16.5., 17 Uhr bis 18.5., 24 Uhr

Mars vor den Fischen und Jupiter vor dem Skorpion fördern das **Schneckenleben**. Bekämpfungszeit: vom 21.5., 4 Uhr bis 22., 18 Uhr

Werrenbekämpfung: vom 31.5. bis 2.6., 12 Uhr. Durch die zuweilen noch kalten Nächte muss mit Läusebefall bei den Rosen gerechnet werden, da hilft eine abendliche Spritzung mit Brennnesseltee. Am nächsten Morgen sollte man die Rosen gießen, damit der Saft in Bewegung kommt.

Pfropftermin für späte Lagen: vom 6.5., 7 Uhr bis 8.5., 12 Uhr

Bio-Dynamiker nehmen die **Präparate** vom 6.5. an aus der Erde.

Pflanzzeit: vom 1.5., 00 Uhr bis 6.5., 4 Uhr und ab 19.5., 3 Uhr

Pflanzzeit südliche Erde: vom 6.5., 10 Uhr bis 18.5., 20 Uhr

Heuernte

Aussaattage Juni 2007

Dat.	☾ v. Sternb.	Konstellat.	Element ☾	Fruchtorganimpuls durch ☾ oder Planeten	Neigung
1. Fr	♏	☉ - ♉ ○2	Wasser	Blatt Pflanzzeit	St
2. Sa	♐ 13	◡11	Wa/Wä	Blatt bis 12, ab 13 Frucht #Pflanzz. Ende 8	
23. Woche					
3. So	♐		Wärme	Frucht	St
4. Mo	♑ 21	△	Wä/Er	Frucht bis 7, ab 8 Blatt	E
5. Di	♑		Erde	Wurzel	
6. Mi	♑	☉☍♃	Erde	Wurzel bis 11 und von 17 bis 23	
7. Do	♒ 00		Licht	Blüte bis 23	
8. Fr	♓ 20	☊2	Li/Wa	Blüte von 4 bis 19, ab 20 Blatt	
9. Sa	♓		Wasser	Blatt	V ɥ
24. Woche					
10. So	♓		Wasser	Blatt bis 22	
11. Mo	♈ 11	☿☋12	Wa/Wä	------------------------	
12. Di	♈	Pg 18	Wärme	------------------------	
13. Mi	♉ 3	△	Wä/Er	Wurzel ab 6	
14. Do	♉		Erde	Wurzel	
15. Fr	♊ 14	⌒10 ●4	Er/Li	Wurzel bis 13, ab 14 Blüte *Pflanzz. Beg. 16	
16. Sa	♊		Licht	Blüte	
25. Woche					
17. So	♋ 14		Li/Wa	Blüte bis 13, ab 14 Blatt	ɥ
18. Mo	♋	♀●	Wasser	Blatt bis 14 und ab 21	
19. Di	♌ 4	☉☍PL ♄● △	Wa/Wä	Blatt bis 3, v. 4 - 7 u. 13 bis 18 Frucht, ab 19 Blatt	
20. Mi	♌	☉ - ♊ 18 ☋21	Wärme	Frucht bis 18	
21. Do	♍ 23	△	Wä/Er	Frucht - 10, v. 11 - 18 Blatt, v. 19 - 22 Frucht	St
22. Fr	♍		Erde	Wurzel	K
23. Sa	♍		Erde	Wurzel	
26. Woche					
24. So	♍	Ag 15	Erde	Wurzel bis 9, von 10 bis 18 Blüte, ab 19 Wurzel	
25. Mo	♎ 20	♄☍♆	Er/Li	Wurzel bis 19, ab 20 Blüte	
26. Di	♎		Licht	Blüte	ɥ
27. Mi	♏ 8		Li/Wa	Blüte bis 7, ab 8 Blatt	
28. Do	♏		Wasser	Blatt	E St
29. Fr	♐ 20	◡17	Wa/Wä	Blatt - 19, ab 20 Frucht #Pflanzz. Ende 13	K ɥ
30. Sa	♐	○15 ♀☍♆	Wärme	Frucht	

Pflanzzeit

Die Sommerzeit ist nicht berücksichtigt worden. In D, A, CH 1 Stunde hinzurechnen.

Merkur	Venus	Mars	Jupiter	Saturn	Uranus	Neptun	Pluto
♊	♊	♓	♏	♌	♒	♑	♐
	2.♋	23.♈					5.♏
	25.♌						

Notizen:

1. _____
2. _____
   _____
   _____
3. _____
4. _____
5. _____
6. _____
7. _____
8. _____
9. _____
   _____
10. _____
11. _____
12. _____
13. _____
14. _____
15. _____
16. _____
   _____
17. _____
18. _____
19. _____
20. _____
21. _____
22. _____
23. _____
   _____
24. _____
25. _____
26. _____
27. _____
28. _____
29. _____
30. _____

Monatsbetrachtung Juni 2007

Venus, ab 2.6. im Krebs, ist für die Heugewinnung ungünstig. Da bringt man das scheinbar trockene Heu in die Scheune und nachher schimmelt es doch. Was im Mai nicht geschafft wurde, verschiebt man am besten auf die letzte Juniwoche. Merkur vor den Zwillingen ist für diesen Vorgang kein wirklicher Ersatz.

Pflanzzeit: vom 1.6., 00 Uhr bis 2.6., 8 Uhr und vom 15.6., 16 Uhr bis 29.6., 13 Uhr

Pflanzzeit südliche Erde: vom 2.6., 15 Uhr bis 15.6., 4 Uhr und ab 29.6., 20 Uhr

Heuschreckenbekämpung: vom 15.6., 14 Uhr bis 17.6., 12 Uhr

Schneckenbekämpfung: vom 2.6. bis 24.6. Besonders wirksam sind der 17. 6. nachmittags und der 18.6.

Pilzbefall an der Pflanze

Der Pilz hat in der Natur die Aufgabe, absterbendes Leben abzubauen. Er tritt bei der Kulturpflanze auf, wenn unreifer Mistkompost oder unverkomposterte tierische Körpersubstanzen wie Horn- und Knochenspäne usw. angewandt, aber auch, wenn die Samen bei ungünstigen Konstellationen geerntet wurden. Nach R. Steiner: „Wenn die Mondenkräfte auf der Erde zu stark werden…".(1) Man kann dann Tee von Ackerschachtelhalm kochen und den Boden damit dort spritzen, wo befallene Pflanzen stehen. Dann wird das Pilzniveau aus der Pflanze in den Boden heruntergeholt, wo es nämlich hingehört.

Zur Gesundung der Pflanze kann man beitragen, wenn man Brennnesseltee auf die Blätter spritzt. Die Assimilation wird gefördert und eine gute Durchsaftung angeregt, dann verschwinden auch die Pilze.

Aussaattage Juli 2007

Dat.	☾ v. Sternb.	Konstellat.	Element ☾	Fruchtorganimpuls durch ☾ oder Planeten	Neigung
27. Woche					
1. So	♐	☉ - ♊	Wärme	Frucht	
2. Mo	♑ 3		Wä/Er	Frucht bis 2, ab 3 Wurzel	St
3. Di	♑		Erde	Wurzel bis 21	
4. Mi	♒ 5		Er/Li	Blüte ab 5	
5. Do	♒	☊3	Licht	Blüte von 5 bis 15 ------	
6. Fr	♓ 1	♀☋4	Wasser	-------------------------	
7. Sa	♓		Wasser	Blatt	E
28. Woche					
8. So	♈ 18		Wa/Wä	Blatt bis 17, ab 18 Frucht	
9. Mo	♈	Pg 23	Wärme	Frucht bis 8 -------------	St
10. Di	♉ 10		Wä/Er	Wurzel von 10 bis 24	
11. Mi	♉	△	Erde	Blüte bis 12, ab 13 Wurzel	V
12. Do	♊ 20	⌒18	Er/Li	Wurzel bis 19, ab 20 Blüte *Pflanzz. Beg. 20	
13. Fr	♊		Licht	Blüte	E
14. Sa	♋ 23	●13	Li/Wa	Blüte bis 22, ab 23 Blatt	
29. Woche					
15. So	♋		Wasser	Blatt	
16. Mo	♌ 13	♄●	Wa/Wä	Blatt bis 12, von 13 bis 21 Frucht	
17. Di	♌		Wärme	Frucht von 3 bis 23	
18. Mi	♌	☋2	Wärme	Frucht ab 4	St
19. Do	♍ 8		Wä/Er	Frucht bis 7, ab 8 Wurzel	E V
20. Fr	♍	☉ - ♋3	Erde	Wurzel	
21. Sa	♍		Erde	Wurzel	
30. Woche					
22. So	♍	Ag 10	Erde	Blüte von 00 bis 14, ab 15 Wurzel	
23. Mo	♎ 4		Er/Li	Wurzel bis 3, ab 4 Blüte	
24. Di	♏ 16		Li/Wa	Blüte bis 15, ab 16 Blatt	E V
25. Mi	♏		Wasser	Blatt	
26. Do	♏		Wasser	Blatt #Pflanzz. Ende 23	V ♄
27. Fr	♐ 4	◡1	Wa/Wä	Blatt bis 3, ab 4 Frucht	St
28. Sa	♐		Wärme	Frucht	
31. Woche					
29. So	♑ 11	△	Wä/Er	Frucht bis 10, ab 11 Wurzel	
30. Mo	♑	○2	Erde	Wurzel bis 16 -----------	K E
31. Di	♒ 12	☿☊4	Er/Li	------------- ab 16 Blüte	St

Pflanzzeit

Die Sommerzeit ist nicht berücksichtigt worden. In D, A, CH 1 Stunde hinzurechnen.

Merkur	Venus	Mars	Jupiter	Saturn	Uranus	Neptun	Pluto
♊	♌	♈	♏	♌	♒	♑	♏
		27. ♉					

Notizen:

1. _____
2. _____
3. _____
4. _____
5. _____
6. _____
7. _____

8. _____
9. _____
10. _____
11. _____
12. _____
13. _____
14. _____

15. _____
16. _____
17. _____
18. _____
19. _____
20. _____
21. _____

22. _____
23. _____
24. _____
25. _____
26. _____
27. _____
28. _____

29. _____
30. _____
31. _____

Monatsbetrachtung Juli 2007

Merkur ist vor den Zwillingen rückläufig und verbessert die Lichtverhältnisse. Venus, rückläufig vor dem Löwen, unterstützt die Wärmeverhältnisse. Mars wandelt noch bis zum 27.7. vor Widder und Saturn vor dem Löwen. Na, wenn das kein Sommer wird!! Jupiter und Pluto sind rückläufig vor Skorpion, da gibt es noch genügend Feuchtigkeit für die **Schnecken**. Bekämpfung, wo es notwendig erscheint, am 15. 7. und am 16.7. vormittags. Mars erreicht am 27.7. den Stier, dann kühlen die Nächte schon wieder etwas ab.
Stallffliegenbekämpfung: am 13. und 14.7.
Pflanzzeit: vom 12.7., 20 Uhr bis 26.7., 23 Uhr

Pflanzzeit südliche Erde: vom 1.7., 00 Uhr bis 12.7., 12 Uhr und ab 27.7., 2 Uhr

Getreideernte in frühen Lagen: an Fruchttagen vor dem 27.7.

Regenbogen vor Gewitterhimmel

Die Einfütterung der Bienen

Für die Wintereinfütterung seien Pflanzentees als Zusatz empfohlen, die sich im Hinblick auf die Gesundheit der Völker über viele Jahre bewährt haben. Schafgarbe, Kamille, Löwenzahn und Baldrian benutzt man als Blütendroge und macht einen Aufguss mit kochendem Wasser, nach fünfzehn Minuten absieben. Brennnessel, Ackerschachtelhalm und Eichenrinde kalt ansetzen und aufkochen lassen, nach zehn Minuten absieben und der Futterflüssigkeit zusetzen. Drei Gramm der einzelnen Pflanzendroge reichen für 100 Liter Futterflüssigkeit. Dies ist besonders wichtig in Jahren, die zuletzt Blatttracht brachten (3).

Aussaattage August 2007

Dat. ☾ v. Sternb.	Konstellat.	Element ☾	Fruchtorganimpuls durch ☾ oder Planeten	Neigung
1. Mi ♒	☉ - ♋ ☊7	Licht	Blüte bis 4 und ab 9	St
2. Do ♓ 7	△	Li/Wa	Blüte bis 6, ab 7 Blatt	
3. Fr ♓		Wasser	Blatt bis 13 ----------	
4. Sa ♈ 23	Pg 1	Wa/Wä	Blatt von 13 bis 22, ab 23 Frucht	V ♄
32. Woche				
5. So ♈		Wärme	Frucht	V
6. Mo ♉ 16		Wä/Er	Frucht bis 15, ab 16 Wurzel	♄
7. Di ♉		Erde	Wurzel	K St
8. Mi ♉		Erde	Wurzel am 9. *Pflanzz. Beg. 7	
9. Do ♊ 5	☊1 △	Er/Li	Wurzel bis 4, von 5 bis 11 Blüte, ab 12 Blatt	
10. Fr ♊		Licht	Blüte	V ♄
11. Sa ♋ 7	☉ - ☊2	Li/Wa	Blüte bis 6, ab 7 Blatt	
33. Woche				
12. So ♌ 21	☿●	Wa/Wä	Blatt bis 15 ----------	K
13. Mo ♌	●1 ♄●	Wärme	----------------------	
14. Di ♌	☋9 ☿☍♆	Wärme	Frucht bis 6 und ab 11	
15. Mi ♍ 16		Wä/Er	Frucht bis 15, ab 16 Wurzel	
16. Do ♍		Erde	Wurzel	
17. Fr ♍		Erde	Wurzel	
18. Sa ♍		Erde	Wurzel bis 8 ---------	
34. Woche				
19. So ♎ 12	Ag 5	Er/Li	----------- Blüte ab 9	
20. Mo ♎		Licht	Blüte bis 23	
21. Di ♏ 00		Wasser	Blatt	
22. Mi ♏		Wasser	Blatt	K
23. Do ♐ 13	◡9 ♂☍♃	Wa/Wä	Blatt bis 12, ab 13 Frucht #Pflanzz. Ende 7	
24. Fr ♐		Wärme	Frucht	
25. Sa ♑ 21	♀☍♆	Wä/Er	Frucht bis 20, ab 21 Wurzel	St
35. Woche				
26. So ♑		Erde	Wurzel	
27. Mo ♒ 21		Er/Li	Wurzel bis 8 ---------	
28. Di ♒	○12 ☊16	Licht	---------------------- ☿☍♅ ☾●● ♄	
29. Mi ♓ 15		Li/Wa	Blüte von 7 bis 14, ab 15 Blatt	
30. Do ♓		Wasser	Blatt bis 12 ----------	E
31. Fr ♓	Pg 2	Wasser	---------- Blatt ab 14	

Pflanzzeit

Die Sommerzeit ist nicht berücksichtigt worden. In D, A, CH 1 Stunde hinzurechnen.

Merkur	Venus	Mars	Jupiter	Saturn	Uranus	Neptun	Pluto
♊	♌	♉	♏	♌	♒	♐	♏
3.♋	31.♋						
13.♌							

Notizen:

1. _____
2. _____
3. _____
4. _____
   _____
5. _____
6. _____
7. _____
8. _____
9. _____
10. _____
11. _____
   _____
12. _____
13. _____
14. _____
15. _____
16. _____
17. _____
18. _____
   _____
19. _____
20. _____
21. _____
22. _____
23. _____
24. _____
25. _____
   _____
26. _____
27. _____
28. _____
29. _____
30. _____
31. _____

Monatsbetrachtung August 2007

Da der August viele ungünstige Zeiten bringt, achte man genau auf gute Zeiten für die Saatguternte, aber auch für die Ernte von Lagerfrüchten, damit sie sich im Winterlager lange halten.

Stallfliegenbekämpfung: an Blütentagen
Ameisenbekämpfung in Gebäuden: 13. bis 15.8., 14 Uhr

Pflanzzeit: vom 9.8., 7 Uhr, bis 23.8., 7 Uhr

Pflanzzeit südliche Erde: vom 1.8., 00 Uhr bis 8.8., 23 Uhr und ab 23.8.,12 Uhr

Für eine frühe **Obsternte** empfehlen sich die Blüten- und Fruchttage, die außerhalb der Pflanzzeit liegen. Die Getreideernte für **Saatgut** sollte an Fruchttagen durchgeführt werden.

Ernte und Konservierung

Bei allen Früchten, die im Lager aufbewahrt oder konserviert werden sollen, empfiehlt es sich, für die Ernte und Verarbeitung ungünstige Zeiten, die im Kalendarium ------ ausgelassen sind, aber auch die Blatttage zu meiden. Das Gleiche gilt für die nachfolgende Verarbeitung sowohl für Saft, Gelee, Marmelade, Backobst als auch für die Herstellung von milchsaurem Gemüse oder Sauerkraut. Man kann Pflaumen, Kirschen, Hagebutten, Apfel- und Birnensaft einkochen lassen. Das gibt einen wunderbaren Brotaufstrich. Wurden die Früchte aber an den oben genannten Tagen geerntet, schimmelt das sogenannte Mus nach kurzer Zeit. Erntet man Blüten und Blätter für Tees, sollte man die erwähnten Zeiten ebenfalls meiden, da das Aroma sehr leidet. Für alle oben erwähnten Tätigkeiten sind immer die Blüten- und Fruchttage am geeignetsten.
Benutzt man ungünstige -------- Zeiten für die Getreideernte, muss man im nächsten Jahr bei Roggen mit Mutterkorn und bei Weizen mit Brand rechnen.

Aussaattage September 2007

Dat.	☾ v. Sternb.	Konstellat.		Element ☾	Fruchtorganimpuls durch ☾ oder Planeten	Neigung
1. Sa	♈ 5	☉ - ☊		Wa/Wä	Blatt bis 4, ab 5 Frucht	St
36. Woche						
2. So	♉ 21			Wä/Er	Frucht bis 20, ab 21 Wurzel	
3. Mo	♉			Erde	Wurzel	E V ♄
4. Di	♉			Erde	Wurzel	K
5. Mi	♊ 11	⌒6		Er/Li	Wurzel bis 10, ab 11 Blüte *Pflanzz. Beg.12	
6. Do	♊			Licht	Blüte	K
7. Fr	♋ 13		☿☋11	Li/Wa	------------------------	
8. Sa	♋			Wasser	Blatt bis 20, ab 21 Wurzel	E
37. Woche						
9. So	♌ 4	☉☍⛢	△	Wa/Wä	Wurzel bis 8, von 9 bis 23 Frucht	
10. Mo	♌	☋16	♄☌	Wärme	Frucht von 6 bis 13 ---	
11. Di	♍ 23	🌑14	☉☌	Wä/Er	Frucht von 17 bis 22, ab 23 Wurzel	
12. Mi	♍			Erde	Wurzel	
13. Do	♍			Erde	Wurzel	
14. Fr	♍			Erde	Wurzel	K
15. Sa	♎ 19		Ag 22	Er/Li	Wurzel bis 12, ab 13 Blüte	
38. Woche						
16. So	♎	☉ - ♍7		Licht	Blüte	St
17. Mo	♏ 8			Li/Wa	Blüte bis 7, ab 8 Blatt	St
18. Di	♏			Wasser	Blatt bis 20, ab 21 Wurzel	St
19. Mi	♐ 21	◡18	△	Wa/Wä	Wurzel - 10, von 11 - 20 Blatt, ab 21 Frucht	V
20. Do	♐			Wärme	Frucht am 19.9. #Pflanzz. Ende 15	♄
21. Fr	♐		♀☍♆	Wärme	Frucht ♂☍PL	
22. Sa	♑ 6			Wä/Er	Frucht bis 5, ab 6 Wurzel	
39. Woche						
23. So	♑			Erde	Wurzel	
24. Mo	♒ 8			Er/Li	Wurzel bis 7, Blüte von 8 bis 12 und ab 20	K
25. Di	♒	☊2		Licht	Blüte ab 4	
26. Mi	♓ 1	🌕21	△	Wasser	Blatt von 1 bis 12, ab 13 Wurzel	
27. Do	♓			Wasser	Blatt bis 13 -----------	
28. Fr	♈ 14		Pg 3	Wa/Wä	---------- Frucht ab 14	E ♄
29. Sa	♈	Michaeli		Wärme	Frucht	
30. So	♉ 5			Wä/Er	Frucht bis 4, ab 5 Wurzel	

Pflanzzeit

Die Sommerzeit ist nicht berücksichtigt worden. In D, A, CH 1 Stunde hinzurechnen.

Merkur	Venus	Mars	Jupiter	Saturn	Uranus	Neptun	Pluto
♍	♋	♉	♏	♌	♒	♑	♏
	17.♌	26.♊					

Notizen:

1. _____
_____
_____
2. _____
3. _____
4. _____
5. _____
6. _____
7. _____
8. _____
_____
9. _____
10. _____
11. _____
12. _____
13. _____
14. _____
15. _____
_____
16. _____
17. _____
18. _____
19. _____
20. _____
21. _____
22. _____
_____
23. _____
24. _____
25. _____
26. _____
27. _____
28. _____
29. _____
30. _____

Monatsbetrachtung September 2007

Mit Merkur vor der Jungfrau setzen die nächtlichen Nebel ein, unterstützt von der Venus im Krebs. Ab 17.9. bringt die Venus aus dem Löwen noch Wärme. Der Mars unterstützt ab 26.9. die Lichtwirkung. Merkur vor Jungfrau lässt die Wurzelfrüchte noch wachsen und gut Zucker bilden. Die zweite Monatshälfte ist besonders für Kohlernte und Sauerkrauther-stellung geeignet.

Für die **Obsternte** sind die Tage günstig, an denen sich der Mond vor dem Widder oder Schützen bewegt. Die Ernte von **Zwiebeln, Rote Bete, Möhren und Kartoffeln** ist am besten an Wurzeltagen, dann halten sich die Früchte im Winterlager gut.

Pflanzzeit: vom 5.9.,12 Uhr bis 19.9., 15 Uhr

Pflanzzeit südliche Erde: vom 1.9., 0 Uhr bis 5.9., 2 Uhr und vom 19.9., 15 Uhr bis 30.9., 24 Uhr

Foto, Virginie Joly

35

Aussaattage Oktober 2007

Dat. ☾ v. Sternb.	Konstellat.	Element ☾	Fruchtorganimpuls durch ☾ oder Planeten	Neigung
40. Woche				
1. Mo ♉	☉ – ♍	Erde	Wurzel	
2. Di ♊ 17	⌒12	Er/Li	Wurzel bis 16 ----------	
3. Mi ♊	♂ ♌12	Licht	------------------------	St
4. Do ♋ 18		Li/Wa	Blüte von 10 bis 17, ab 18 Blatt *Pflanzz. Beg. 10	
5. Fr ♋		Wasser	Blatt	
6. Sa ♌ 10		Wa/Wä	Blatt bis 9, ab 10 Frucht	
41. Woche				
7. So ♌	☋21 ♄	Wärme	Frucht bis 8 -------------	K
8. Mo ♌		Wärme	Frucht	
9. Di ♍ 6		Wä/Er	------------------------	E ♄
10. Mi ♍		Erde	Wurzel	
11. Do ♍	◉6	Erde	Wurzel	
12. Fr ♍		Erde	Wurzel	
13. Sa ♎ 2	Ag 11 △	Er/Li	Wurzel bis 4, ab 5 Blüte	
42. Woche				
14. So ♏14		Li/Wa	Blüte bis 13, ab 14 Blatt	♄
15. Mo ♏		Wasser	Blatt	
16. Di ♏		Wasser	Blatt #Pflanzz.Ende 20	
17. Mi ♐ 5	☽1	Wa/Wä	Blatt bis 4, ab 5 Frucht	
18. Do ♐		Wärme	Frucht	
19. Fr ♑ 15		Wä/Er	Frucht bis 14, ab 15 Wurzel	
20. Sa ♑		Erde	Wurzel	
43. Woche				
21. So ♒ 18		Er/Li	Wurzel bis 17, ab 18 Blüte	
22. Mo ♒	♌10	Licht	Blüte bis 7 und von 12 bis 19	
23. Di ♓ 12		Li/Wa	Blüte bis 11, von 12 bis 20 Blatt	♄
24. Mi ♓		Wasser	------------------------	
25. Do ♓	♀ ☍ ♁	Wasser	Frucht bis 18 ----------	
26. Fr ♈ 1	◉6 Pg 13	Wärme	------------------------	
27. Sa ♉ 15	♀♌4 ♀♌7	Wä/Er	------------------------	
Sommerzeit-Ende				
44. Woche				
28. So ♉		Erde	Wurzel	
29. Mo ♉	⌒20	Erde	Wurzel	St
30. Di ♊ 1		Licht	Blüte ab 1 *Pflanzz.Beg. 3	♄
31. Mi ♊		Licht	Blüte	

Pflanzzeit

Merkur	Venus	Mars	Jupiter	Saturn	Uranus	Neptun	Pluto
♍	♌	♊	♏	♌	♒	♑	♏

11.♎
13.♍

Notizen:

1.
2.
3.
4.
5.
6.

7.
8.
9.
10.
11.
12.
13.

14.
15.
16.
17.
18.
19.
20.

21.
22.
23.
24.
25.
26.
27.

28.
29.
30.
31.

Monatsbetrachtung Oktober 2007

Merkur vor der Jungfrau bringt kühle und nebelige Nächte, aber Venus und Saturn vor dem Löwen und Mars vor den Zwillingen vermögen die Tage noch recht warm und sonnig zu gestalten. Wegen Knoten und Finsternissen muss man jedoch Abstriche machen. Die Nacht zum 13.10. wird sicher schon mal kalt werden, da sollte man frostempfindliche Pflanzen schützen. Um den 29. und 30.10. wird man mit stärkeren Niederschlägen rechnen müssen, die in Berglagen wahrscheinlich schon als Schnee fallen können.

Die Obsternte ist günstig an Blüten- und Fruchttagen, die nicht in der Pflanzzeit liegen. Für **Getreideaussaaten** günstige Fruchttage aussuchen. Die **Wurzelfrüchte** sollten an Wurzeltagen geerntet werden. Die ersten drei Wochen sind noch günstig für **Zwischenfruchtaussaaten** wie zum Beispiel die Winterwicke.

Pflanzzeit: vom 4.10.,10 Uhr bis 16.10., 20 Uhr und ab 30.10., 3 Uhr
Pflanzzeit südliche Erde: vom 17.10., 5 Uhr bis 29.10., 12 Uhr

Roggenbrotherstellung

Weizen, Gerste, Hafer, Mais, Reis und Hirse lassen sich in der Schrot- oder Mehlmahlung gut mit Hefe oder Backferment backen, aber für Roggen muss man andere Methoden anwenden. Ansonsten haben finnische Forscher festgestellt, dass Krebsveranlagungen im Körper bei Roggenbrotgenuss verschwinden können. Ein ausführliches Roggenbrotrezept findet sich in unserer Schrift „Hinweise aus der Konstellationsforschung". Der Roggen benötigt eine Raumtemperatur von +28° C. Wie erstaunt war ich, als mein Brot in der Hitzezeit 2003 vom 1. Ansatz an in vier Stunden alle fünf Aufgänge hinter sich brachte. Es ist offensichtlich, dass das Aufgehen des Sauerteiges einfach eine Wärmefrage ist.

Aussaattage November 2007

Dat. ☽ v. Sternb.	Konstellat.	Element ☽	Fruchtorganimpuls durch ☽ oder Planeten	Neigung
1. Do ♋ 1	☉ – ♎ 21	Wasser	Blatt ab 1 Pflanzzeit	
2. Fr ♌ 15		Wa/Wä	Blatt bis 14, ab15 Frucht	K
3. Sa ♌	☊23	Wärme	Frucht bis 20 ------------	

45. Woche

4. So ♌	△	Wärme	Frucht ab 1 Blumenzwiebeln !	E V St
5. Mo ♍ 11		Wä/Er	Frucht bis 10, ab 11 Wurzel	V
6. Di ♍		Erde	Wurzel	
7. Mi ♍	△	Erde	Blüte	St
8. Do ♍		Erde	Wurzel	
9. Fr ♎ 8	⊕24 Ag 14	Er/Li	Blüte	
10. Sa ♏ 20		Li/Wa	Blüte bis 19, ab 20 Blatt	

46. Woche

11. So ♏		Wasser	Blatt	E ♄
12. Mo ♏		Wasser	Blatt	E K
13. Di ♐ 11	☽6	Wa/Wä	Blatt bis 10, ab 11 Frucht #Pflanzz. Ende 3	
14. Mi ♐		Wärme	Frucht	St
15. Do ♑ 21		Wä/Er	Frucht bis 20, ab 21 Wurzel	
16. Fr ♑		Erde	Wurzel	
17. Sa ♑		Erde	Wurzel bis 11 und ab 19	

47. Woche

18. So ♒ 1	♌14	Licht	Blüte von 1 bis 10 und ab 16	
19. Mo ♓ 22	☉ – ♏ 20	Li/Wa	Blüte	K
20. Di ♓	△	Wasser	Blüte bis 10, ab 11 Blatt	V St
21. Mi ♓	△	Wasser	Blüte	St
22. Do ♈ 12		Wa/Wä	Blatt bis 11, ab 12 Frucht	
23. Fr ♈		Wärme	Frucht bis 12 ------------	K St
24. Sa ♉ 2	⊕16 Pg 2	Wä/Er	---------- Wurzel ab 14	E

48. Woche

25. So ♉		Erde	Wurzel bis 18 -----------	V
26. Mo ♊ 11	⌒5	Er/Li	Wurzel v. 11 - 15, ab 16 Blüte *Pflanzz. Beg.13	
27. Di ♊	△	Licht	Blüte	♄ St
28. Mi ♋ 10		Li/Wa	Blüte bis 9, ab 10 Blatt	
29. Do ♌ 23		Wa/Wä	Blatt bis 22, ab 23 Frucht	K St
30. Fr ♌		Wärme	Frucht bis 22	

Merkur	Venus	Mars	Jupiter	Saturn	Uranus	Neptun	Pluto
♍	♌	♊	♏	♌	♒	♑	♏
18.♎	2.♍						30.♐
29.♏							

Notizen:

1. _____
2. _____
3. _____
   _____
4. _____
5. _____
6. _____
7. _____
8. _____
9. _____
10. _____
   _____
11. _____
12. _____
13. _____
14. _____
15. _____
16. _____
17. _____
   _____
18. _____
19. _____
20. _____
21. _____
22. _____
23. _____
24. _____
   _____
25. _____
26. _____
27. _____
28. _____
29. _____
30. _____

Monatsbetrachtung November 2007

Es gibt im November zwar keine Planetenoppositionen, aber vier Lichttrigone, die den Monat erhellen werden. Merkur in der ersten Hälfte und Venus während des ganzen Monats vor Jungfrau, bringen kühle und nebelige Nächte. Mars vor den Zwillingen und Saturn vor dem Löwen bemühen sich über Tag einen Ausgleich zu bringen. Jupiter und Pluto vor dem Skorpion werden vereint mit der Sonne vom 19.11. an noch genügend Feuchtigkeit schaffen.

Blumenzwiebeln können zu allen Blütenzeiten gesteckt werden. Die Zweige für **Adventsschmuck** sollte man am 23.11. vormittags schneiden und dann kühl aufbewahren.
Günstige Zeiten für das **Verbrennen von Fellen schädigender Tiere kommen erst im Januar 2008.**

Weihnachtsbäume, die weit transportiert werden müssen, am 14., 15., 18. und 19.11., am 22.11., 12 Uhr bis 23.11., 12 Uhr schneiden.

Pflanzzeit: vom 1.11., 00 Uhr bis 13.11., 3 Uhr und ab 26.11.,13 Uhr bis 30.11.,22 Uhr

Pflanzzeit südliche Erde: vom 13.11., 9 Uhr bis 25.11., 24 Uhr

Aussaattage Dezember 2007

Dat.	☾ v. Sternb.	Konstellat.	Element ☾	Fruchtorganimpuls durch ☾ oder Planeten	Neigung
1. Sa	♌	☉ - ♏ ☋1	Wärme	Frucht ab 3 Pflanzzeit	
49. Woche					
2. So	♍ 18		Wä/Er	Frucht bis 17, ab 18 Wurzel	
3. Mo	♍		Erde	Wurzel bis 20	
4. Di	♍	☿☋11	Erde	--------- Wurzel ab 20	St
5. Mi	♍		Erde	Wurzel	♄
6. Do	♎ 14	Ag 18	Er/Li	Wurzel bis 10, ab 11 Blüte	K St
7. Fr	♎		Licht	Blüte	♄
8. Sa	♏ 3		Li/Wa	Blüte bis 2, ab 3 Blatt	
50. Woche					
9. So	♏	●19	Wasser	Blatt	
10. Mo	♐ 16	◡11	Wa/Wä	Blatt bis 15, ab 16 Frucht #Pflanzz. Ende 8	♄
11. Di	♐		Wärme	Frucht	
12. Mi	♐		Wärme	Frucht	
13. Do	♑ 3		Wä/Er	Frucht bis 2, ab 3 Wurzel	
14. Fr	♑		Erde	Wurzel bis 17	
15. Sa	♒ 7	☊15	Er/Li	Wurzel bis 6, Blüte von 7 bis 12 und ab 17	
51. Woche					
16. So	♒		Licht	Blüte	
17. Mo	♓ 5		Li/Wa	Blüte bis 4, ab 5 Blatt	V
18. Di	♓	△	Wasser	Blüte bis 12, ab 13 Blatt	E
19. Mi	♈ 21		Wa/Wä	Blatt bis 20, ab 21 Frucht	
20. Do	♈	☉ - ♐ 8	Wärme	Frucht	
21. Fr	♉ 13		Wä/Er	Frucht bis 12, von 13 bis 22 Wurzel	
22. Sa	♉	Pg 12 ☿☍♂	Erde	-------------------------	E
52. Woche					
23. So	♊ 22	⌒16	Er/Li	Wurzel bis 21, ab 22 Blüte	E
24. Mo	♊	○2 ☉☍♂	Licht	Blüte *Pflanzz. Beg. 00	V
25. Di	♋ 20	Weihnachten	Li/Wa	Blüte bis 17, ab 18 Frucht	K ♄
26. Mi	♋	♂☍♃ △	Wasser	Frucht	
27. Do	♌ 9		Wa/Wä	Frucht	E St
28. Fr	♌	☋4	Wärme	Frucht bis 1 und ab 6	
29. Sa	♌		Wärme	Frucht	St
30. So	♍ 2	△	Wä/Er	Frucht bis 20, ab 21 Wurzel	
31. Mo	♍		Erde	Wurzel	

Pflanzzeit

Pflanzzeit

Merkur	Venus	Mars	Jupiter	Saturn	Uranus	Neptun	Pluto
♏	♍	♊	♏	♌	♒	♑	♐
19. ♐	13. ♎		10. ♐				

Notizen:

1. _____
_____
_____
2. _____
3. _____
4. _____
5. _____
6. _____
7. _____
8. _____
_____
9. _____
10. _____
11. _____
12. _____
13. _____
14. _____
15. _____
_____
16. _____
17. _____
18. _____
19. _____
20. _____
21. _____
22. _____
_____
23. _____
24. _____
25. _____
26. _____
27. _____
28. _____
29. _____
_____
30. _____
31. _____

Monatsbetrachtung Dezember 2007

In der ersten Dekade versucht Merkur noch mit Jupiter Wässriges in Gang zu setzen. Die Venus möchte mit Neptun zusammen Winterkräfte aktivieren. Aber im weiteren Monat werden sie gegen die anderen Wandler nicht ankommen. Ein Lichttrigon, zwei Wärmetrigone und drei Licht- Wärmeoppositionen werden sich behaupten.

Den **Weihnachtsbaum** für den Hausgebrauch schneidet man am besten am 20. Dezember.

Pflnzzeit: vom 1.12., 00 Uhr bis 10.12., 8 Uhr und ab 24.12., 00 Uhr

Pflanzzeit südliche Erde: vom 10.12., 12 Uhr bis 23.12., 12 Uhr

Wir wünschen unseren Lesern eine segensreiche Weihnachtszeit und ein gesundes und glückliches neues Jahr.

Die Pflege der Bienen

Das Bienenvolk lebt im Korb oder Kasten in Abgeschlossenheit zur Außenwelt. Als zusätzlichen Schutz kleidet es die Behausung mit Propolis aus, um Ungutes vom Volk fernzuhalten. Die direkte Verbindung zur Umwelt wird durch die Flugbienen hergestellt.

Möchte der Imker den Völkern kosmische Kräfte zugute kommen lassen, müsste er bei den Bienen eine ähnliche Situation schaffen, wie sie der Pflanzenbauer bei der Pflege der Pflanzen vornimmt. Er bearbeitet den Boden. Mit der Luft dringen kosmische Kräfte in den Boden ein, die dann von der Pflanze aufgenommen und bis zur nächsten Bodenbearbeitung genutzt werden können.

Der Imker muss die Behausung des Bienenvolkes öffnen und die Propolisschicht unterbrechen. Dadurch entsteht eine Störung, über die die kosmischen Kräfte den Weg in das Bienenvolk finden und bis zur nächsten Kontrolle wirken können. Auf diese Weise kann der Imker ganz gezielt den Bienen kosmische Kräfte vermitteln.

Nun ist es nicht gleichgültig, welche Umkreiskräfte über den Zeitpunkt der durchgeführten Pflegearbeiten impulsiert werden. Hier kann der Imker ganz bewusst eingreifen und die Tage für entsprechende Bearbeitung benutzen, die für die Entwicklung des Volkes und das Eintragen der Nahrungsstoffe für das Volk in dieser Entwicklungsphase von Bedeutung sind. Das Volk lohnt es dem Imker und gibt ihm von den eingetragenen und gut verarbeiteten Substanzen einen Teil des Honigs ab. Die Erd-Wurzeltage können für die Bearbeitung empfohlen werden, wenn die Völker stärker bauen sollen. Die Licht-Blütentagebearbeitung regt die Bruttätigkeit an und unterstützt den Völkeraufbau. Die Wärme-Fruchttagebearbeitung regt den Eifer zum Nektarsammeln an. Die wässrigen Blatttage sind sowohl für die Bearbeitung als auch für die Honigentnahme und das Ausschleudern des Honigs ungeeignet. Tage, die in unseren „Aussaattagen" weggestrichen sind, sollte auch der Imker nicht für die Völkerkontrollen benutzen.

Seit Ende der siebziger Jahre hat sich die Varroamilbe in den meisten europäischen Bienenständen ausgebreitet. Nach mancherlei Veraschungsvergleichen empfehlen wir, die

Varroamilben wie bekannt zu veraschen und die verriebene, also eine Stunde lang dynamisierte Asche mit einem Salzstreuer ganz fein in die Wabengassen zu stäuben. Die Herstellung der Asche wie auch die Anwendung bei den Völkern verbleibt bei dem kosmischen Termin Sonne und Mond vor Stier.(3)

Monatsbetrachtungen für den Imker

Januar: Die Licht- Wärmekonstellationen der letzten Januarwoche verführen die Bienen zum Reinigungsausflug Jetzt sollten die Fluglöcher gut beobachtet werden und bereits vorher die Varroa-Winterwindeln entnommen sein.

Februar: In der ersten Februarhälfte werden die Bienen zum Brüten verführt. Das sollte der Imker nicht zusätzlich unterstützen, da die kalte Zeit noch nicht vorbei ist.

März: In der zweiten Märzhälfte werden Merkur und Venus schon für etwas Wärme sorgen. Aber Vorsicht, Mars im Steinbock bringt immer noch Kälte, besonders am 22.3.07

April: Am 26.4. geht Merkur vor den Widder, so werden wir mit kleineren Trachten rechnen können. Da jedoch Mars und Saturn in Knotenstellungen gehen, muss mit Störungen gerechnet werden.

Mai: Am 7.5. geht die Venus vor die Zwillinge. Das begünstigt die Völkerentwicklung, - Vermehrung und die Königinnenzucht. Unbedingt die Licht- und Wärmetage nutzen, da andere Konstellationen nicht gerade bienenfreundlich sind.

Juni: Im zeitigen Frühjahr sollte man für Bienenpflanzen sorgen, die im Juni das Trachtangebot unterstützen.

Juli: Merkur, Venus und Mars sind den Bienen im Juli recht freundlich gesonnen. So sind gute Vorraussetzungen für eine späte Völkervermehrung gegeben.

August: Im August sind Venus und Saturn im Löwen und ab der Monatsmitte kommt Merkur noch dazu. Das ermöglicht noch eine gute Spätsommerentwicklung, wenn die Völker genügent Blüten vorfinden.

September: Sollte die Einfütterung noch nicht abgeschlossen sein, ist es gut, in der letzten Septemberwoche zum Abschluss zu kommen.

Oktober: Venus im Löwen und Mars in den Zwillingen werden die Völker zu weiterem Brüten anhalten. Der Imker sollte das nicht noch unterstützen. Kühl halten!

November: Merkur und Venus sind nun vor der Jungfrau und sorgen für kalte Nächte. Falls notwendig, die Völker vor Brutfressen bewahren.

Dezember: Ab der Monatsmitte könnte der blühende Efeu die Bienen nochmals herauslocken, was dann auch zur Reinigung gut genutzt wird. So könnte es durchaus in einigen Gegenden zum „Weinachtsbienenflug" kommen.

Nachruf für Dr. Fritz-Michael Balzer

Im April 1967 bot mir Dr. Balzer seine Hilfe in einer Zeit an, als ich die Versuchsarbeit, die seit 1952 lief, nicht mehr allein bewältigen konnte. Er befand sich in einem Berufswechsel und konnte mir über längere Zeit halbtags helfen und verzichtete auf eine Honorierung. Er hatte das Bedürfnis, sich in die Prohleme des Pflanzenbaues praktisch einzuarbeiten.

Es standen Konstellationsversuche und Vergleiche mit der Anwendung der biologisch-dynamischen Präparate an. Nach Abschluss seines Studiums der analytischen Chemie und Aufbau seines Labors hat er über viele Jahre Boden- und Pflanzenuntersuchungen für unsere Versuchsstation durchgeführt. Es bestand ein langer, fruchtbarer Arbeitskontakt.

Später führte ihn sein Forscherweg über die Erarbeitung „Bildschaffender Methoden" nach Ehrenfried Pfeifer zu Erkenntnissen geistig-kosmischer Bereiche, die hinter den Gesetzmäßigkeiten des „Lebendigen" wirken. In seinen Kursen gab er die Ergebnisse weiter.

Noch kurz vor seinem Erdenabschied konnten wir wiederholt gemeinsam Rückschau über 39 Jahre Forschungstätigkeit halten. Wir gedenken seiner in großer Dankbarkeit.

1967 beim Jäten unserer Versuche in
Rauischholzhausen

Abbildung rechts: 1989 bei Grönwoldts auf Sylt. Wir hatten dort riesige Kompostversuche laufen. Er half mir, die 180 Proben zu nehmen, die er dann auch alle untersuchte. Mit jeweils 19 Stoffwerten war dies wohl eine seiner umfangreichsten Arbeiten.

Mit größtem Erstaunen stellten wir gemeinsam an diesem Tag fest, dass in dem Moment, in dem der Mist das Tier verlässt, diese noch körperwarme Substanz die kosmische Wirkung der jeweils aktuellen Konstellation aufnimmt.

Beobachtung der Wetterbildung und Witterung

Jahrzehntelange Beobachtung und Registrierung der Witterungsverhältnisse und der Vergleich mit Planetenrhythmen hatten ermöglicht, für die Region, in der wir das alles selbst miterleben, eine recht sichere Vorschau geben zu können. So hofften wir, damit unseren Lesern gute Anleitungen zur Beobachtung der eigenen Region in die Hand zu geben, was auch in vielen Fällen zu fruchtbaren Ergebnissen führte. Nun kamen nach dem langen, schneereichen Winter zahlreiche Anfragen, ob diese Entwicklung, die wir in Europa erlebten, wie z. B. die großen Überschwemmungen, mit den kosmischen Rhythmen vereinbar seien. Schwerpunkte der Umkreiswirkungen fanden wir zunächst im Stand der Planeten im Tierkreis, der die Großwetterlage mit bedingt. Als nächste Faktoren erschienen uns immer die gleichen Elementetrigone der Planeten und als gleichwertige Auslöser klimabildender Tendenzen die Plantenoppositionen. Schon in den „Maria Thun-Aussaattagen 2006" wiesen wir auf neuere Beobachten hin, die wahrscheinlich einiges in der Witterung verändern würden.

Wir hatten über längere Zeit beobachtet, dass die Oppositionen der Planeten entweder vor Licht- und Wärmebildern oder vor erdigen und wässrigen lagen. Durch das sehr langsame Weitergehen der fernen Planeten und die ungleiche Länge der Sternbilder fanden, wie wir schon berichteten, die Oppositionen seit 2006 andere Partnerschaften. So gab es 2006 fünf neue Orientierungen, die wir erdig- warm nannten. Sie bringen dann bei Tag sonniges, warmes Wetter und über Nacht stärkeres Abkühlen, als wir es in unseren Breiten gewohnt sind.

Schauen wir uns die Planetentrigone von fünf Jahren, die stark an der Wetterbildung beteiligt sind, an:

Im Jahr 2003 hatten wir 10 wässrige, 7 erdige, 14 lichthafte und 2 Wärmetrigone.
Im Jahr 2004 hatten wir 7 wässrige, 8 erdige, 4 lichthafte und 6 Wärmetrigone.
Im Jahr 2005 hatten wir 7 wässrige, 11 erdige, 9 lichthafte und 2 Wärmetrigone.
Im Jahr 2006 hatten wir 6 wässrige, 9 erdige, 21 lichthafte und 2 Wärmetrigone.
Im Jahr 2007 haben wir 8 wässrige, 8 erdige, 8 lichthafte und 5 Wärmetrigone.

Die Planetenoppositionen von fünf Jahren ergeben diese Gliederung und Veränderung seit 2006:

Im Jahr 2003 hatten wir 28 Licht-Wärmeoppositionen und 15 erdig-wässrige.
Im Jahr 2004 hatten wir 6 Licht-Wärmeoppositionen und 9 erdig-wässrige.
Im Jahr 2005 hatten wir 9 Licht-Wärmeoppositionen und 15 erdig-wässrige.
Im Jahr 2006 hatten wir 7 Licht-Wärmeoppositionen und 7 erdig-wässrige.

Im Jahr 2006 hatten wir 7 Licht-Wärmeoppositionen, 7 erdig-wässrige und 5 Wärme-Erdeoppositionen.
Im Jahr 2007 haben wir 5 Licht-Wärmeoppositionen, 6 erdig-wässrige und 11 Wärme-Erdeoppositionen.

Hier müssen wir mit anderer Auswirkung auf die Wetterbildung rechnen, als es bisher bei Oppositionen bekannt war. Die Planetenoppositionen brachten bisher für den Pflanzenbau optimale Bedingungen. Nun müssen wir neue Versuche machen, um zu sehen, wie die Pflanzen jetzt reagieren.

Wie schon vermutet, war die sommerliche Freude von kurzer Dauer. Die katastrophalen Konstellationen der fernen Planeten vom 17. und 18. Mai riefen furchtbare Unwetter hervor, die noch lange anhielten.

Stimmung nach einem starken Gewitter

Zur Sparte „Neigung" im Kalendarium

Bei den Angaben auf den Monatsseiten befinden sich am rechten Rand große Buchstaben und Zeichen, die „Neigung". Hier wird aufgezeigt, welche Möglichkeiten zur Unwetterbildung, ja sogar zur Entstehung von Naturkatastrophen uns durch bestimmte Winkelstellungen der Planeten vorgegeben werden. Leider haben wir noch keine Gesetzmäßigkeit finden können, die uns erkennen lässt, in welcher Region der Erde die Auswirkungen auftreten. Bei mancher Sonnenfinsternis legt sich ein berechenbares verfinstertes Band von mehr als 200 km Breite um die Erde. Auf der restlichen Erde ist die Finsternis dann nicht sichtbar. Da kann es vorkommen, dass andere Konstellationen von Sonne, Mond und Planeten oft nur in kleinen, begrenzten Regionen furchtbare Katastrophen auslösen. Wir wissen aber vorher nicht, wo sie sich austoben. Immer häufiger erhielten wir aus der Karibik oder auch aus Brasilien die Nachricht, dass Stürme, die in „unseren Aussaattagen" angekündigt waren, genau zu diesen Zeiten einsetzten, während in unserer Region Windstille herrschte. Aber auch aus Erdregionen, in denen oft kleine Erdbeben stattfinden, die in den Medien gar nicht gemeldet werden, wie in Japan oder auch in Tunesien, wurde uns bestätigt, dass sie sich zu den Zeiten ereigneten, die bei uns mit „Erdbebenneigung" bezeichnet wurden. Man sollte sich über solche Geschehnisse kurze Bemerkungen im Saatkalender machen, um dann vielleicht doch nach Jahren zu einem Zusammenhang der Winkelstellungen der Planeten mit der eigenen Erdenregion zu kommen.

Sonne und Pflanze im Jahreslauf

Blickt man auf die Monatsseiten unserer „Maria Thun-Aussaattage", will es scheinen, als sehen wir nur den siderischen Mond bei unseren Empfehlungen für die Pflanzenpflege. So wird in diesem Zusammenhang oft vom "Mondkalender" gesprochen. Für uns sieht das jedoch völlig anders aus. Aus zahlreichen Versuchen wissen wir, welche Bedeutung die Planeten für das Pflanzenwachstum haben. So erlischt zum Beispiel die Regenerationskraft der Pflanze, wenn bei der Aussaat auch nur ein Planet verfinstert ist. Ohne die Sonne wäre das Pflanzenwachstum jedoch überhaupt nicht denkbar. Die Erde dreht sich in ungefähr 24 Stunden um ihre eigene Achse und wir können von jedem Erdenort aus den Tierkreis im Tageslauf erleben. Der Tagsternenhimmel wird uns nicht bewusst, weil er von der Sonne überlichtet wird. Der Nachthimmel ist nur bei klarem Wetter sichtbar, sodass wir die Sterne sehen können. Schauen wir uns dann im Abstand von zwei Stunden den Nachthimmel an, wird ein dauerndes Weiterrücken deutlich. Diese Bewegung kommt einerseits durch die Drehung der Erde um ihre eigene Achse (360° innerhalb von 24 Stunden), andererseits durch ein gleichzeitiges Weiterrücken um etwa einen Grad pro Tag zustande. Die Erde bewegt sich um die Sonne, dabei legt sie in 365 Tagen 360° zurück. Über Tag ist für uns auf der Erde der Weltraum durch die Sonne so überbelichtet, dass wir das Weiterrücken nicht mit bloßem Auge sehen können. Rudolf Steiner wies im „Landwirtschaftlichen Kurs" (1) darauf hin, dass wir im Boden Sonnenwirkung haben und der Ton der Träger dieser Sonnenkräfte ist. Bei Bodenuntersuchungen wurde deutlich, dass sich das Verhältnis der Stoffe zueinander verändert, wenn die Sonne vor ein anderes Sternbild rückt. Tycho Brahe hatte sich auf der Insel Vehn einen tiefen Schacht in die Erde bauen lassen, dem noch ein hoher Turm aufgesetzt wurde, durch den er auch am Tag einen Ausschnitt des Sternenhimmels beobachten konnte. Der Laie kann, wenn er häufig den Nachthimmel anschaut, im Laufe eines Jahres den ganzen Sternenhimmel seiner Erdgegend beobachten und auf diese Weise die gesamten 360° des kosmischen Umkreises wahrnehmen. Wir geben auf unseren Kalenderseiten jeweils den Übergang der Sonne vor ein neues Sternbild an und können über Bodenanalysen einen gewissen Einblick in die Veränderungen des Stofflichen gewinnen.

Durch die Arbeit des Mikrobiologen Erhard Ahrens ist bekannt geworden, dass Bakterien, die den Stickstoff im Boden binden, nur bei bestimmten kosmischen Konstellationen tätig werden.

Innerhalb der landwirtschaftlichen Forschung weiß man, dass die Stickstoffbindung maximal im Mai und September stattfindet, wenn die Sonne vor den Erdsternbildern Stier und Jungfrau steht. Auf der südlichen Erde ist die maximale Stickstoffbindung im Januar/Februar. Dies weist deutlich auf, dass eine Beziehung zum Sonnenjahreslauf vorliegt und die stickstoffbindenden Azotobakter in den Zeiten, in denen die Sonne vor den Sternbildern Stier, Jungfrau und Steinbock steht, in besonderer Weise zur Tätigkeit angeregt werden. Kurzfristige Untersuchungen zeigten dann im Freiland wie im Labor, dass um die Zeit, wenn der Mond bei seinem monatlichen Umlauf um die Erde vor den genannten Sternbildern vorbeigeht - das sind dann zwei Tage Steinbock, drei Tage Stier und vier Tage Jungfrau - sowohl die abbauenden als auch die stickstoffbindenden Azotobakter aktiver sind als bei anderer Orientierung des siderischen Mondes. Die siderische Sonne ist das Vorbild des siderischen Mondes.

Auch der Regenwurm lässt sich in seinen Lebensgewohnheiten durch die kosmischen Rhythmen beeiflussen. Dies wurde deutlich beim Ergründen des Aufenthaltes des Regenwurmes in verschiedenen Bodentiefen. Steht der Mond vor den Sternbildern Widder, Schütze oder Löwe, findet man ihn bei tiefgründigen Böden in einer Tiefe von 100 bis 120 cm. Geht er dann vor die Sternbilder Stier, Jungfrau oder Steinbock, hält er sich in den Bereichen von 5 - 20 cm Bodentiefe auf. Beim Vorbeigang des Mondes an den Sternbildern Fische, Krebs und Skorpion bevorzugt er die oberen Schichten des Bodens bis zu 5 cm Tiefe. Über Nacht kommt er dann oft aus dem Boden heraus und bewegt sich sogar über steinige Wege und Straßen.

Diese Zusammenhänge finden wir nicht nur in der Stoffeswelt des Bodens bei den Mikroorganismen und Bodentieren. Viele Kulturpflanzen leben in ähnlicher Art mit der siderischen Sonne. In der alten Landwirtschaft wusste man in unserer Region, dass Hafer und Ackerbohne am besten gedeihen, wenn sie schon in der zweiten Februar- oder ersten Märzhälfte gesät wurden. Dann wachsen diese Pflanzen am gesündesten auf und bringen die besten Erträge. Es ist die Zeit, wenn die Sonne vor dem Sternbild Wassermann steht. Natürlich achtete man zusätzlich auf den Mondstand. Sät man die Bohnen erst, wenn die Sonne vor dem Sternbild Fische steht, werden die Bohnen von Läusen befallen und der Hafer zeigt oft Pilzbefall.

Bodenprofil mit deutlich sichtbaren Regenwurmgängen

Ähnliche Beziehungen zur siderischen Sonne finden wir bei späten Möhrensorten. Werden sie bei Sonnenstand vor dem Sternbild Fische gesät, bringen sie mächtiges Kraut und neigen zur Grünköpfigkeit. Beides schadet der Aromabildung der Möhre. Bei Aussaat Sonne vor Widder zeigt sie schwaches Wachstum und die Unkräuter werden sie bald überholen. Sät man sie jedoch bei Sonne vor Stier, geht das Jugendwachstum schnell und die Möhre kommt mit ihrer Reifung in die Herbsteszeit, denn Sonne vor Jungfrau fördert die Zuckerbildung und bringt das Eiweiß zum Reifen. Sehr niedrige Nitratwerte sind die Folge.

Bei den Ölpflanzen ist ebenfalls eine Beziehung zum Sonnenstand vor bestimmten Sternbildern des Tierkreises festzustellen. So gedeiht der Winterraps am besten bei Aussaat Sonne vor Löwe, der Mond sollte dann vor Widder oder Schütze stehen. Die im Frühjahr zu säenden Ölfrüchte genießen die Saatzeit Sonne vor Widder. Die Ölpflanzen bevorzugen für gutes Wachstum die Saatzeit: Sonne vor einem Wärmesternbild. Der Mond sollte dann vor einem anderen Wärmebild sein als die Sonne. Für die weitere Pflege und die Ölbildung halten sie Ausschau nach Lichtimpulsen des Mondes oder der Planeten.

Hessische Landschaft mit Rapsfeldern

Denken wir an die späten Blattpflanzen Salat, Spinat und Rapunsel, so können wir mit einer sehr guten Ernte rechnen, wenn wir die Aussaat in die Zeit Sonne vor Krebs legen. Dann wählen wir den Mondstand Fische oder Skorpion.

Saatzeiten für Bäume und Sträucher

Die hier angegebenen Zeiten zeigen Planetenkonstellationen an, die für Aussaaten der genannten Bäume gut sind. Die Daten im Januar, Februar und März sind vor allem auch für Wildobstsorten geeignet, da sich die Pflanzen später in der Richtung der edlen Sorten entwickeln. Nimmt man Samen von Edelobst, könnte es sein, dass man die Pflanzen später veredeln muss, aber man hat dann immerhin gesunde Unterlagen. Man kann die Samen zu den Winterdaten auch im Haus oder Glashaus in Töpfe geben und sie im Frühjahr umpflanzen, möglichst dann zu den hier empfohlenen Daten.

Buchenblüte mit vorjährigem Samenhaus   Lärchenblüte mit vorjährigem Zapfen

22.01.07 Birke, Birne, Ulme, Zeder, Thuja, Hainbuche, Pflaume, Aprikose
28.01.07 Lärche, Holunder, Tanne, Rotbuche, Kirschlorbeer, Pflaume, Aprikose
10.02.07 Esche, Zeder, Kiefer, Wacholder, schwarze Johannisb., Thuja, Pflaume, Aprikose
22.03.07 Eiche, Eibe, Sauerkirsche, Quitte, Schwarzerle
28.04.07 Apfel, Ahorn, Mirabelle, Linde, Birne, Pflaume, Aprikose, Pfirsich,
10.05.07 Kiefer
20.05.07 Salweide, Reneklode, Marone, Pflaume, Aprikose, Pfirsich
05.06.07 Esche, Apfel, Haselnuss, Eberesche
23.06.07 Pflaume, Aprikose, Pfirsich
23.08.07 Eiche, Eibe,Apfel, Ahorn, Kastanie, Pflaume, Aprikose, Pfirsich
28.08.07 Lärche, Pappel, Salweide
09.09.07 Fichte, Esche, Schneeballen
21.09.07 Robinie, Akazie, Magnolie, Flieder
16.12.07 Kiefer
22.12.07 Walnuss, Pfaffenhütchen, Erle
24.12.07 Tanne, Esche, Eberesche
26.12.07 Mirabellane, Ahorn, Eiche

Die Pflege von Obst-, Wein- und Beerenstrauchanlagen

Auf Anfragen von verschiedenen Obst- und Weinbauern können wir folgende Empfehlungen zur Pflege von Obst-, Wein- und Beerenstrauchanlagen (eine Ausnahme bildet die Heidelbeere) geben:

Auf der nördlichen Erdhälfte beginnt das Obstbaujahr Anfang November. Da sollten zunächst pro ha 100 dz gut vererdeter Kompost gegeben werden. Wenn das Laub abgefallen ist, können drei Bodenbearbeitungen an Fruchttagen, mit gleichzeitiger Spritzung des Fladenpräparates (mit der Baumpaste) auf Stamm und Äste, durchgeführt werden. Dies ist ein Ersatz für den früher empfohlenen Baumanstrich.

Die Herstellung der Baumpaste: In einen Holzbottich geben wir 10 kg Rinderfladen, 10 kg Lehm, 2,5 kg Basaltmehl (Mehl!), 2,5 kg Holzasche, 1 Liter Molke. Das Ganze wird eine Stunde lang mit dem Spaten umgestochen, also dynamisiert.
Man kann die Paste an einem dunkeln, kühlen Ort stehen lassen und über Wochen davon verbrauchen.

Beim Rühren des Fladenpräparates setzt man auf 100 Liter Wasser 1 kg Paste zu und rührt das dann 20 Minuten. Man lässt das Ganze kurz absetzen und gießt es dann durch zwei Perlonstrümpfe, damit die Düsen der Spritze nicht verstopfen. Dies wird dreimal an Fruchttagen wiederholt, gleichzeitig mit der Bodenbearbeitung.

Im März sollte auch das Hornmistpräparat dreimal an Fruchttagen zur Bodenbearbeitung, aber auch gleichzeitig auf Stämme und Äste gespritzt werden. Wenn im Frühjahr die ersten Blätter da sind, spritzt man einmal an Blatttagen gegen Abend Brennnesseltee. Sind nach der Blüte die ersten Blätter da, kann die erste Spritzung mit dem Kieselpräparat auf die Blätter gegeben werden. An einem Fruchttag sollte man eine halbe Stunde vor Sonnenaufgang mit dem Rühren beginnen, eine Stunde rühren und dann sofort spritzen.

An Blütentagen frühmorgens kann einmal Löwenzahnblütentee und einmal Kamillentee gespritzt werden.

An Fruchttagen kann einmal Schafgarbenblütentee, unabhängig vom Kieselpräparat, ausgebracht werden.

Die Kiesel- und die Teespritzungen werden immer auf die Blätter gegeben. Für eine Kieselpräparatanwendung zur Unterstützung der Knospenbildung stehen für 2007 folgende Daten zur Auswahl:

30.6.07,   1.7.07,   5.7.07,   13.7.07,   17. und 18.7.07. In späten Lagen 27. und 28.7.07

Fällzeiten für besondere Hölzer

08.01.07 Eiche, Eibe, Thuja, Hainbuche, Buche, Zwetsche
13.10.07 Brennholz
17.10.07 Lärche, Weide, Eiche, Eibe, Kirsche
04.11.07 Kirsche
07.11.07 Apfel
20.11.07 Walnuss, Erle
21.11.07 Apfel
11.12.07 Birke, Birne, Eiche, Eibe
18.12.07 Akazie, Eberesche, Birne
25.12.07 Lärche, Tanne, Rotbuche, Hainbuche, Pflaume
30.12.07 Tanne, Esche, Eberesche, Zeder, Zwetsche

Sind Hölzer nicht erwähnt, sollte man im November und Dezember aus der Pflanzzeit die Blüten und Fruchttage nutzen.

Aus: **Geisteswissenschaftliche Grundlagen zum Gedeihen der Landwirtschaft**
Rudolf Steiner (Die Grundlagen der biologisch-dynamischen Wirtschaftsweise, GA 327)

"Es ist daher schon von Bedeutung, wenn einer einen Eichbaum pflanzen will und er sich gut versteht auf Marsperioden. Denn ein Eichbaum, richtig angepflanzt in der entsprechenden Marsperiode, wird ja anders gedeihen, als wenn man ihn gedankenlos, einfach wenn es einem paßt, in die Erde hineinversetzt. Oder haben Sie Anlagen von Nadelholzwäldern, wo die Saturnkräfte eine so große Rolle spielen, wird ganz Anderes entstehen, wenn man in einer sogenannten Aufgangsperiode des Saturn den Nadelwald oder in einer anderen Periode anpflanzt. Und derjenige, der solche Dinge durchschaut, der kann ganz genau sagen, in den Dingen, die wachsen wollen oder nicht wachsen wollen, der wird genau sehen, ob man das mit dem Verständnis des Kräftezusammenhanges gemacht hat oder nicht. Denn dasjenige, was nicht so offen fürs Auge zutage tritt, das tritt in den intimeren Verhältnissen des Lebens doch recht zutage.

Nehmen wir zum Beispiel an: wir verwenden Holz, das daher kommt, daß die Bäume unverständig in bezug auf die Weltperioden auf die Erde gepflanzt sind, zum Brennen, so gibt uns das keine so gesunde Wärme, als wenn wir Hölzer verwenden, die mit Verständnis gepflanzt sind. Gerade in den intimeren Verhältnissen des täglichen Lebens, in das diese Dinge so hineinspielen, gerade da zeigt sich die ungeheuer große Bedeutung einer solchen Sache, aber das Leben ist heute für die Leute schon fast ganz gedankenlos geworden. Man ist froh, wenn man an solche Dinge nicht zu denken braucht. Man denkt sich, die ganze Sache muß so vor sich gehen wie eine Maschine; da hat man die entsprechenden Vorrichtungen, zieht man die Maschine auf, so geht sie; so stellt man sich vor, nach materialistischer Art, daß es in der ganzen Natur auch geht. Aber dadurch kommt man schon zu solchen Dingen, die sich dann im praktischen Leben ungeheuerlich ausmachen. Da kommen dann die großen Rätsel".

Woraus sind unsere unterschiedlichen Kulturböden entstanden?

Da wir im Laufe der Jahrzehnte auf Böden ganz verschiedener Bodenklassen gearbeitet haben, entstanden immer wieder Fragen im Hinblick auf die Wertigkeit für die Kulturpflanze. Hatten wir bei unseren Versuchen in Marburg auf Sandboden gearbeitet, dann in Gisselberg auf Granitverwitterung mit Lehm, stellten wir fest, dass in Gisselberg die Erträge bei gleicher Flächengröße und Düngung höher waren. Die Analysen zeigten, dass ein wesentlicher Faktor der höhere Kalkgehalt war. Bei den Versuchen in Dexbach auf Schieferverwitterung mussten wir uns wiederum auf eine neue "Kalksituation" einstellen.

Als wir dann die gleichen Versuche in Gisselberg auf Böden mit 65 Bodenpunkten, in Rauischholzhausen mit 90 Bodenpunkten und in Dexbach mit 12 Bodenpunkten machten und die Rhythmenversuche die gleichen Ertragskurven zeigten, war ich zunächst sehr beruhigt. Es waren nur die Ertragshöhen unterschiedlich. Nun versuchten wir mit höheren Düngergaben den Ausgleich zu schaffen, aber der tierische Dünger brachte nicht die gleichen Ergebnisse. Dann begannen wir auf unseren sauren Böden mit 4,5 ph Versuche mit Gesteinssanden aus den verschiedenen Zeiten der Erdgeschichte zu machen. Dabei konnten wir vieles lernen, was die Entwicklung der Kulturböden, die Fruchtbarkeit und die Humusbildung betraf. Das kann an einem Versuch mit Zuckererbse aus dem Jahr 2000 deutlich werden. Mit den Gesteinssanden gingen wir von den Urgesteinen aus bis in die Zeit der späten Gesteinsbildungen. Auf l0 m^2 gaben wir 1 kg Gesteinssand. Von den Erbsen sind die Gewichte ohne die Schalen von 10m^2 Fläche angegeben.

Ergebnisse: Samen der Zuckerbse in kg

Granit 1,78
Quarzit 2,20
Grobe Tonerde 1,94
Kalkspat 1,74
Diabas 1,93
Basalt 1,55
Glimmer 1,97
Kaolin 1,39
Kreide 1,51
Dolomit 2,04
Lava 2,14

Basaltsäulen bei der Amöneburg

Zum Vergleich zwei organische Substanzen
Horn-Knochenmehl 1,67
Eierschale 1,45

Von Basalt hatten wir mehr erwartet, kommen von ihm doch unsere fruchtbarsten Böden. Wahrscheinlich war seine Körnung mit 1,5 mm noch zu groß und die Zeit zum Verwittern zu kurz.

Man kann an den Ergebnissen ablesen, dass der Zusatz dieser Mineralien bei Böden, die aus der frühen Zeit der Erdgeschichte stammen, sehr günstig ist. Von vielen früheren Vergleichen wissen wir allerdings, dass die Auswirkung dieser Mineralien auf die Böden besser ist, wenn sie in den Kompost gegeben werden und dann schon von Organismen in die Humusbildung mit einbezogen werden. So ist es möglich, bei schwachen, einseitigen Böden, bei geringer Hinzunahme der fehlenden Mineralien im Kompostierungsprozess, Verbesserungen zu erreichen.

Was entnimmt die Pflanze dem Boden?

Im 19. Jahrhundert wurde von naturwissenschaftlicher Seite schwerpunktmäßig erforscht, welche Stoffe die Kulturpflanze dem Boden entnimmt. Man kam zu den sogenannten Hauptnährstoffen Stickstoff, Phosphor, Kali und Kalk. Kali und Kalk gibt es in den Lagern der Erde. Man nahm an, dass der im tierischen Dünger enthaltene Stickstoff für die Ansprüche der Kulturpflanze nicht ausreiche. Da man aber entdeckt hatte, dass der Hauptanteil der uns umgebenden Luft aus Stickstoff besteht, galt es, eine Technik zu entwickeln, um ihn in den Boden zu bringen. Dies gelang dann 1879. Jetzt konnte man den Stickstoff auf technischem Weg an Salze binden, die man dann den Ackerböden beimischte. Gleichzeitig fand man als Abfallprodukt in der Stahlherstellung die Thomasschlacke, eine noch hochwertige Phosphorsubstanz, die man als Thomasmehl mit großem Erfolg einsetzte. Auch fand man in verschiedenen Erdregionen Phosphorlager, die man abbauen konnte. Leider sind die meisten bekannten Phosphorlager inzwischen fast abgebaut, sodass die Experten heute nach neuen Quellen suchen.

Kalkabbau in Frankreich bei Rouen

Was gibt die Pflanze an den Boden ab?

Hatte man bisher vorwiegend erforscht, was die Pflanze dem Boden entnimmt, begann man jetzt darauf zu achten, was sie an den Boden abgibt. Da fand man zunächst, dass die Leguminosen Stickstoffsammler sind. Sie verstehen es, den Stickstoff der Luft in ihren Pflanzenkörper aufzunehmen, ihn in Knöllchen im Wurzelbereich einzulagern und bei Bedarf während der Samenbildung wieder zu verbrauchen. Er kann aber auch durch Bakterien herausgelöst werden und steht dann anderen Pflanzen zur Verfügung.

Lässt man die Leguminose nun nichr zur Reife kommen, sondern gibt sie vorher als Gründüngung in den Boden, erreicht man eine Anreicherung mit organischem Stickstoff, der von der nachfolgenden Kulturpflanze verbraucht werden kann. Außerdem hat das pflanzliche Gerüst der Leguminose noch einen beträchtlichen Kalkgehalt, der der nachfolgenden Kulturpflanze ebenfalls zugute kommt und über die Bodenorganismen im Ton-Humuskomplex verbaut wird. So tragen die Leguminosen, als Gründüngung eingesetzt, bedeutend zur Bodenfruchtbarkeit mit bei. Dies ist besonders wichtig, wenn nicht genügend tierischer Dünger zur Verfügung steht.

Gibt es auch andere Pflanzen, die Veränderungen in den Stoffbereich des Bodens bringen?

Durch vielseitigen Pflanzenanbau in unserer Versuchsstation und nachfolgende Bodenanalysen fanden wir, dass auch andere Pflanzen wichtige Stoffe im Boden hinterlassen. Zunächst stießen wir auf Phosphor. Wir hatten vor den Aussaaten Bodenproben genommen und dann bei Getreide Kornblume als Untersaat ausgebracht. Im Verhältnis zu den Kontrollen bei Roggen und Weizen ernteten wir 14% mehr Samen. Bei den nachfolgenden Bodenanalysen war auch noch mehr pflanzenverfügbarer Phosphor da als vor den Aussaaten.

Zwischenfrüchte 2006, Karlacker

Nun bezogen wir auch noch andere Pflanzen in diese Untersuchungen mit ein und fanden ganz ähnliche Ergebnisse auch bei Konrade, Phacelia, Futtermalve und Lein. Die große Frage stand da: Geben diese Pflanzen Phosphor in den Boden ab? Inzwischen wissen wir, dass diese Pflanzen Wurzelausscheidungen in den Boden abgeben, die vorhandenen Phosphor pflanzenverfügbar machen. Im Weiteren ergab sich bei den Untersuchungen, dass Borretsch und Buchweizen immer mehr Kali im Boden zurücklassen als vor ihrem Anbau vorhanden war. Ferner fanden wir, dass die Kreuzblütler Raps, Senf, Radies und andere mehr Schwefel im Boden absondern, als vor ihrem Anbau vorhanden war. So eignen sie sich besonders als Vorfrucht für Getreide, da sie die Samenerträge steigern.

Worin besteht die Düngung?

Alle Reste der Pflanze, die im Boden bleiben, sind eine Zuführung an organischer Substanz. Abfälle pflanzlicher Herkunft werden in gleicher Weise wie Hinzunahme tierischer Dünger oder tierischer Körpersubstanzen wie Knochen-, Horn- und Blutmehl im Kompostierungsvorgang zum Rotten, am besten bis zum totalen Vererden, gebracht und dann im Herbst dem Boden zugesetzt. Die am Abbau beteiligten Bodenorganismen wie Pilze, Bakterien, Würmer, Springschwänze und andere Kleintiere vermischen die abgebauten Substanzen mit verwittertem Gestein, also mit dem neu entstandenen Ton zum sogenannten Ton- Humuskomplex und sorgen so für die Neuentstehung von Humus. Hat man saure Böden, die ehemals pflanzlicher Herkunft sind, sollte dem Kompost oder später dem Boden etwas Kalk zugeführt werden, damit die Düngung auch im Mineralischen dem Kulturpflanzenbedürfnis entspricht.

Kompost-Düngungsvergleiche 2006, Heckacker

Worin besteht die Wirkung der Bearbeitung des Bodens?

Sind neue Pflanzen gesät und am Wachsen, meldet sich meist auch bald entsprechendes Unkraut. Wird die Oberfläche des Bodens durch Regen, Sonne und Wind leicht verkrustet, greifen wir zur Hacke oder Kralle und öffnen den Boden etwa 5 cm. Dabei kommt neben der Bewegung Luft in den Boden. Der größte Anteil der Luft besteht aus Stickstoff, der mit der Luft in den Boden gelangt. Die vorhandenen Stickstoff-Bakterien verbinden ihn mit dem Humus und schaffen auf diese Weise einen fruchtbaren Boden. Die Ergebnisse sind am besten, wenn wir die Hackarbeiten an Wurzeltagen durchführen.

Hacken wir an Blatttagen, wird Kalk pflanzenverfügbarer, an Blütentagen Phosphor und Kali und an Fruchttagen Schwefel. Deshalb ist es ratsam, beim Hacken auf den Fruchtungstyp der Pflanze zu achten und auf das Stoffebedürfnis der Kulturpflanze. Mit jeder Bewegung des Bodens strahlen außerdem kosmische Kräfte in den Boden, die dort wirksam bleiben, bis der Boden neu bewegt wird.

Was bewirken die biologisch-dynamischen Präparate?

Die Kompostpräparate

Im Hinblick auf die biologisch-dynamischen Präparate gehen wir zunächst vom Kompost aus. Wir setzen dem Kompost fünf verschiedene Drogen getrennt zu. Sie werden aus den Kräutern Schafgarbe, Kamille, Brennnessel, Eichenrinde und Löwenzahn hergestellt. Ein sechstes Präparat, Baldrian, wird in flüssigem Zustand zugesetzt, also über den fertigen Kompost gespritzt. Diese Präparate ermöglichen dem Kopost einen geregelten Abbau und eine Umwandlung der organischen Substanz in Dauerhumus. Jedes dieser Präparate aktiviert einen kosmischen Impuls im Kompost, der dann später im Boden je einen Planetenimpuls vermittelt. Sie schließen gewisse kosmische Tore auf, damit die

Planetenkräfte der Pflanze zugänglich werden können. Die Schafgarbe wird zuständig für die Venuskräfte, Kamille für den Merkur, die Brennnessel für die Sonne, Eichenrinde für den Mars, Löwenzahn für den Jupiter und Baldrian für den Saturn. So haben wir aus dem Kompost ein kleines Planetensystem gemacht, das dann später im Boden zu einer guten Heimat für die Kulturpflanze wird.

Die Spritzpräparate

Das Hornmistpräparat, bei den Aussaaten und Pflanzungen gespritzt, bringt die Abbauprozesse im Boden zur Ruhe und ermöglicht der Pflanze, mehr Wurzeln zu bilden und tiefer in die Erde eindringen zu können, wodurch auch immer eine gewisse Ertragssteigerung erreicht wird.

Das Kieselpräparat, das während des Wachstums auf die grüne Pflanze gespritzt wird, ermöglicht der Pflanze, besser mit dem Licht umgehen zu können. Wird es zum richtigen kosmischen Zeitpunkt gespritzt, schafft es in der Pflanze Qualitätssteigerungen und eine beträchtliche Gewichtszunahme.

Zur Unkrautfrage

Sind trotz Hackarbeiten noch Unkräuter gewachsen, entfernt man sie, damit die Bodenfruchtbarkeit der Kulturpflanze zugute kommt. Man gibt sie als organische Substanz entweder auf den Komposthaufen oder, falls sie schon blühen, zum Verjauchen in ein Fass mit Wasser. Diese Jauche kann man gelegentlich in kleinen Mengen dem Gießwasser zusetzen und bei Tomaten, Gurken, Sellerie und Kohl zur Anwendung bringen. Die reagieren darauf mit freudigerem Wachstum. Hat man solche Unkrautwasser im Herbst übrig, kann man sie, bevor man den Boden in Winterfurche legt, fein verteilen. Aber sie eignen sich auch dazu, in die Kronentraufe der Obstbäume verteilt zu werden oder auf Rasenflächen, für die man keinen Kompost mehr zur Verfügung hatte. Die Unkrautwasser sind vor allem reich an Kali.

Die Brennnessel

Hier wollen wir auch die Brennnessel nicht vergessen. Brennnesseljauche ist nicht für die Kulturpflanzen geeignet, da sie eine zu stark triebige Wirkung hat, die der Kulturpflanze schadet und ihre Qualität mindert. Sie bietet sich allerdings zum Bewässern der Komposthaufen an. Die Wirkung des Brennnesseltees schätzen wir sehr, denn Brennnesseltee ist eine Labsal für Kartoffeln und Tomaten. Ab und zu an Blatttagen gegen Abend gespritzt, kräftigt er die Oberfläche der Blätter so, dass keine Pilzsporen in sie eindringen können. Auf diese Weise wird der Phytophterabefall verhindert. Auch der Wein reagiert im frühen Blattwachstum sehr positiv auf eine Brennnesselteespritzung.

Der Wert der Unkräuter als Heilpflanzen

Nachdem wir über Jahre daran gearbeitet hatten, wie wir das Unkrautwachstum eindämmen könnten (4), versuchten wir ein Bild davon zu gewinnen, welche Bedeutung die Unkräuter zum Teil als Heilpflanzen haben. In unserer Schrift „Tausendgulden und Hellerkräuter" haben wir die Anwendungsmöglichkeit von ungefähr 130 Kräutern und Unkräutern beschrieben, wie sie als Heilpflanzen oder auch als Nahrungspflanzen Verwendung finden können. Im Anhang dieses Buches haben wir die Ergebnisse solcher Teeanwendungen bei Kulturpflanzen geschildert.

Ackerminze bei Bodenverdichtung und
Staunässe

Großer Ampfer

Zeigerpflanzen

In unserer Unkrautschrift haben wir gezeigt, wie Unkräuter auf kosmische Rhythmen reagieren. Wir finden aber auch, dass sie zum Teil Auskunft über den jeweiligen Zustand von Garten,- Acker- oder Wiesenböden geben. So ist der große Ampfer in seinem vermehrten Vorkommen eine rechte Plage und geht wohl auf den immer stärker auftretenden sauren Regen zurück. In solchen Fällen wird es gut sein, als Zwischenfrucht ab und zu Lupine anzubauen und sie noch vor der Samenreife als Gründüngung in den Boden einzubringen. Der Calziumgehalt im Gerüst der Pflanze wird in der Verrottung im Boden eine Harmonisierung der Säureverhältnisse bringen. Auch das vermehrte Erscheinen der Hundskamille in der Ackerbaulandschaft zeigt eine heilende Reaktion auf den sauren Regen.

Literaturhinweise:
(1) Geisteswissenschaftliche Grundlagen zum Gedeihen der Landwirtschaft, Rudolf Steiner
   GA 327 (Landwirtschaftlicher Kurs)
(2) Über die Bienen, Rudolf Steiner GA 351
(3) Die Biene - Haltung und Pflege, Matthias K. Thun
(4) Unkraut-und Schädlingsregulierung, Maria Thun
(5) Hinweise aus der Konstellationsforschung, Maria Thun
(6) Kosmologische und Evolutionsaspekte **zum «Landwirtschaftlichen Kurs» Rudolf
Steiners**, Maria Thun
Als Grundlagen der astronomischen Berechnungen dienten allgemein zugängliche
Ephemeriden und eigene Erfahrungen aus der Versuchsarbeit.

Literaturempfehlungen:

1.) Geisteswissenschaftliche Grundlagen zum Gedeihen der Landwirtschaft, Rudolf
   Steiner (Die Grundlagen der biologisch-dynamischen Wirtschaftsweise, GA 327)
2.) Rhythmen der Sterne, Schulz-Vetter, Verlag am Goetheanum, CH-4143 Dornach
3.) Planetenkarte, Institut für Strömungswissenschaften, D- 79737 Herrischried
4.) Ackermann Stallkalender, Jochen Ackermann, D- 83370 Seeon Fon/Fax 08624 2523
5.) Flensburger Hefte Verlag, Über Naturgeister ... Prospekt anfordern: D- 24937 Flensburg
   Fon 0461 26363 Fax 0461 26912
6.) Gartenrundbrief, biologisch-dynamisch, Dipl. Ing Iris Mühlberger, Fax 07958 926393

Schriften über biologischen oder biologisch-dynamischen Landbau sind im Fachhandel
erhältlich, wir können sie leider nicht alle aufführen.

Bezugsquellen: Das Fladenpräparat nach Maria Thun:
Wedig v. Bonin, Hof Eichwerder, D- 23730 Schashagen, Fon 04561 9910/ Fax 9960

Die biologisch-dynamischen Spritz- und Kompostpräparate:
Dr. C. v. Wistinghausen, D- 74653 Künzelsau-Mäusdorf, Fon 07940 / 2230 Fax 4911

Wir geben in unserer Versuchsstation Kurse über die verschiedenen Gebiete, die wir in
unserer Forschung und unseren Schriften behandeln.
Auskunft und Programm auf Anfrage. Die auf den Seiten 62 und 63 angekündigten
Schriften können auch direkt bezogen werden von dem:
AUSSAATTAGE M. Thun Verlag, Rainfeldstr. 16, D- 35216 Biedenkopf, Fax 06461-4714,
e-mail THUNVERLAG@AUSSAATTAGE.DE, ebenso das Abonnement der Aussaattage und
Farbreproduktionen der Malereien von Walter Thun. Bitte Prospekt anfordern.

Im „Aussaattage M. Thun Verlag" sind erschienen:

1. „Hinweise aus der Konstellationsforschung für Bauern, Weinbauern, Gärtner und Kleingärtner" Grundlagenwerk zum Verständnis der Sternenwelt. Die Wirkung kosmischer Konstellationen bei dem Düngeranfall der Tiere, bei Mistrottevergleichen, bei Aussaat-, Hack- und Erntevergleichen und der Weiterverarbeitung zum Nahrungsmittel, bei der Herstellung von Fladenpräparat, Hornmist und Hornkiesel. Detailempfehlungen für den Wein-, den Getreide-, und Gemüsebau, Anbau und Pflege von Kartoffeln, Ölfrüchten, Blütenpflanzen und Gewürzkräutern. Die Pflege der Wiesen und Weiden. Zum Studium der kosmischen Rhythmen geeignet wie auch ihrer Auswirkung auf die Witterung und verschiedene Lebensgebiete.

8. wesentlich erweiterte Auflage, 210 Seiten

Maria Thun ISBN 3-928636-09-x

2. „Unkraut- und Schädlingsregulierung aus der Sicht der Konstellations- und Potenzforschung" Ergebnisse langjähriger Unkrautversuche und daraus resultierende Empfehlungen für die Praxis. Beobachtungen und Erfahrungen mit tierischen Schädlingen sowie Methoden zu ihrer Regulierung. Das Naturreich der Pilze, ihre Pflege und zuweilen notwendige Bekämpfung.

Erscheint nach Neuauflage

Maria Thun ISBN 3-928636-05-7

3. „Milch und Milchverarbeitung" aus der Sicht der Konstellationsforschung. Fünfjährige Milchverarbeitungsvergleiche mit der Milch von Bergziegen, Konstellationsempfehlungen und Rezepte für die Herstellung von Butter, verschiedensten Käsesorten und Joghurt. Der Umgang mit Milch und Molke. Neuere Vergleiche mit Milch von Milchschafen. Die Beziehung zu anderen Lebensbereichen.

2. erweiterte Auflage, 64 Seiten

Maria Thun ISBN 3-928636-00-6

4. „Das Bild der Sterne im Wandel der Zeit" unter besonderer Berücksichtigung seltener Konstellationen von 1991 bis 1998. Zum besseren Verständnis des Hintergrundwirkens kosmischer Rhythmen und Konstellationen und ihrer Auswirkungen auf verschiedene Lebensbereiche auf der Erde.

2. erweiterte Auflage, 80 Seiten

Maria Thun ISBN 3-928636-03-0

5. „Die Biene - Haltung und Pflege" aus der Sicht der Konstellationsforschung. Abwicklung aller Tätigkeiten am Bienenvolk. Berücksichtigung von Beutenart und Material. Die Strohbeute und ihre Herstellung. Verjüngungsmöglichkeiten der Völker. Unterstützung des Bienenlebens und der Bienentätigkeit durch Berücksichtigung kosmischer Rhythmen. Regulierung von Krankheiten auf biologischer Basis.

5. überarbeitete Auflage, 304 Seiten

Matthias K. Thun ISBN 3-928636-17-0

6. „Der Wanderer" Kunstband mit Bildern von Walter Thun und Erzählungen von Maria Thun

48 Seiten

Maria Thun ISBN 3-928636-12-x

7. „Tausendgulden- und Hellerkräuter". Der 1. Teil enthält Empfehlungen über den Umgang mit Kräutern und Unkräutern bei Unpässlichkeiten. Der 2. Teil befasst sich mit den biologisch-dynamischen Präparatepflanzen. Es wurden aus Schafgarbe, Kamille, Brennnessel, Löwenzahn und anderen Pflanzen Tees hergestellt, die zu Spritzungen bei Kulturpflanzen verwandt wurden und sowohl gesundende Faktoren hervorriefen als auch ertragsteigernde Wirkungen zeigten. Mit Berichten von vier Versuchsjahren.

Maria Thun

175 Seiten
ISBN 3-928636-14-6

8. „Bäume, Hölzer und Planeten", das etwas „andere" Bäumebuch
In diesem Buch werden die Beziehungen von achtundzwanzig Baumarten zu den klassischen Planeten beschrieben, auch deren Hölzer und ihre Verwendung in den verschiedenen Lebensbereichen wie im Handwerk, in der bildenden Kunst und bei dem Instrumentenbau behandelt und Anregungen auf über 140 Abbildungen gegeben. Zum besseren Verständnis der Planetenwirksamkeiten wird die Entstehung der Planeten ausführlich anhand der Evolution Rudolf Steiners dargestellt.

Maria Thun, Matthias K. Thun

134 Seiten
ISBN 3-928636-18-9

9. „Kosmologische und Evolutionsaspekte zum «Landwirtschaftlichen Kurs» Rudolf Steiners". Ein Versuch, dem Praktiker die Durchführung der in diesem Kurs gegebenen Anregungen zu erleichtern und verständlicher zu machen.

Maria Thun

240 Seiten
ISBN 3-928636-19-7

Die Abbildung auf Seite 5 ist auch als Reproduktion, 40x50 cm erhälltlich.

Aus befreundeten Verlagen:

10. „Der verrostete Ritter", Richard Volkmann Leander, Bilder von Walter Thun, Märchenbuch
Verlag Urachhaus, 20 Seiten
ISBN 3-87838-206-5

11. „Erfahrungen für den Garten", Empfehlungen für die Praxis des Hausgärtners
Frankh-Kosmos-Verlag, 125 Seiten

Maria Thun

ISBN 3-440-06738-6

12. „Mein Jahr im Garten", 100 wertvolle Tipps zusammengestellt für den Hobbygärtner
Frankh-Kosmos-Verlag, 118 Seiten

Maria Thun

ISBN 3-440-09880-x

Die Schriften auf Seite 62/63 sind über den „Aussaattage M. Thun Verlag", Rainfeldstrasse 16 D-35216 Biedenkopf, Fax 06461 4714, e-mail THUNVERLAG@AUSSAATTAGE.DE wie auch über den Fachhandel erhältlich.

Für Notizen